四季江戸

大江戸年中行事の作法

小和田哲男 監修

邱香凝 譯

追尋江戶時代百花齊放
四季繽紛的庶民文化

　　德川家康一統天下後，江戶持續了長達 265 年的幕藩體制。這段期間，與海外的交流只限於長崎，江戶文化在鎖國狀態內百花齊放。

　　江戶時代之前，日本文化以武士及貴族為中心。然而，進入太平時代後，庶民階級的經濟、社會地位皆有提升，町人庶民漸漸成為文化的中心。

江戶時代庶民習於配合四季舉行各種活動及節慶祭典，其中有些文化代代傳承至今，也有很多已隨時代改變，甚至消失。

　　舉例來說，現代日本人正月的「初詣（新年參拜）」，在江戶時代其實只是少數人的活動。當時大多數人正月都不出門，在家過年才是主流。

　　生活在現代的我們，會為後世留下哪些文化？又會改變哪些文化？

　　本書將江戶時代庶民建立的文化與現代文化進行比較，配合簡單易懂的插圖介紹給讀者。

　　衷心期盼各位能經由本書了解江戶時代的文化深度，再次體認日本文化之美。

　　　　　　　　　　　　　　　　　　　　　小和田哲男

江戶曆法以月相週期為基礎，使用太陰曆

太陰曆

跟隨月亮圓缺盈虧推算的曆法。以新月之日為每月的第一天（1日），滿月之日則為月半，也就是15日。

　　目前，世界上幾乎所有國家都使用以日相週期為基礎的格里曆（陽曆），不過，日本江戶時代，使用的是以月圓月缺為推算基礎的太陰曆。

　　月亮從幾乎看不到的新月開始，一天一天變圓，直到成為正圓的滿月。從滿月之日的隔天起，再一天一天虧缺，直到再次成為新月。這一個週期大約是29.5天。

　　在太陰曆中，以每個月的新月之日為朔日（1日），滿月之日為15日，而月虧至幾乎看不見時就是月底。也就是說，當時的江戶庶民透過觀察月亮形狀來得知今日為何日。

　　不過，假設一個月為30天，一年就是30×12 = 360天，但是月亮盈虧的週期是29.5天，實際上29.5×12 = 354天，兩者之間有6天的差距。要是忽視這個差距，兩年半後，依曆法為朔日的那天，天上出現的卻會是滿月。

大小曆

新曆

明治 5 (1872) 年 12 月 2 日廢除舊曆，變更為以地球繞太陽運行旋轉週期為基礎的新曆。並以這天為 1 月 1 日。

大小曆

小月（29 日）以細字書寫，大月（30 日）以粗字書寫的大小曆。

這一來曆法與實際狀況就出現了落差，因此設定出大月與小月。一個月有 29 天的是「小月」，有 30 天的是「大月」，大月小月交錯登場。換句話說，計算方式是（29 天＋30 天）×6 個月＝ 29.5×12 個月。

一般人只要知道大月小月的區別，光看月亮的形狀就能得出大概的日期，於是，江戶人便使用了這種只列出大月與小月的「大小曆」。

然而，在這種曆法下，一年還是只有 354 天。實際上一年是 365 天，兩者之間一年差了 11 天。

如果不做任何調整，幾年後，人們就得在夏天過年了。為此，大約每 5 年會有兩次將一年調整為 13 個月的機會。

多出來的這個月稱為「閏月」，要增加 12 個月中的哪個月份則沒有明確規定。

懂得享受二十四節氣的江戶庶民

二十四節氣

圓圈的最外圍是新曆。
明治 5 年改曆後，舊曆
與新曆之間產生約莫一
個月的差距。

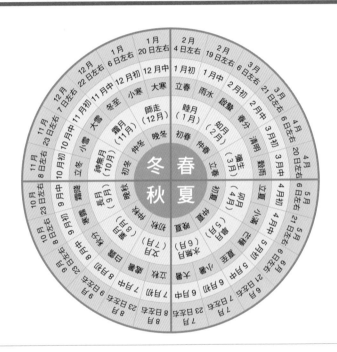

　　江戶時代的季節區分方式，是將太陽一整年的運行分割成 24 份，是為二十四節氣，再根據二十四節氣來劃分四季。現在也常聽到的立春、夏至、立秋、冬至等，就是據此而來。

　　為求方便，人們將二十四節拿來與配合月相制定的舊曆對照，以睦月、如月、彌生為春季，以卯月、皐月、水無月為夏季，以文月、葉月、長月為秋季，以神無月、霜月、師走為冬季。

　　順帶一提，如果沒有閏月，舊曆 1 月 1 日將後退 11 天，有閏月則前進 18 天。現在的 1 月 21 日約相當於舊曆的 2 月 20 日，以剛才的二十四節氣來說，就是立春。雖然舊曆與新曆之間有差不多一個月的落差，但因已是寒氣漸緩的時節，說是立春也無傷大雅。反倒是新曆的 1 月 1 日，因為沿用過去使用舊曆的習慣稱為新春，似乎有點不自然。因為以新曆來看，這時還是大寒冬呢。

絽

單衣和服

夏季
當時日本夏季溫度已經很高，人們容易悶熱流汗，因此夏季通常選擇透氣性佳的衣料。

長合羽

棉襖

暖爐桌

冬季
江戶時代冬季嚴寒，人們會在衣物表層布料與內襯間塞入棉花，做成「棉襖」，藉此度過寒冬。

此外，儘管舊曆與新曆之間有大約一個月的落差，江戶時代的夏天和現代一樣高溫多濕。夏天穿的衣物，多半使用絽或紗等透氣性佳、輕薄透膚的布料製成。

另一方面，和現代相比，江戶時代的冬天則非常寒冷。時值小冰河期，經常下雪也容易積雪。庶民偏好穿縫了內襯的長袍「袷」，遇到氣溫更低時，則在長袍外層布料與內襯之間填入棉花。

因為舊曆與新曆的落差，本書介紹的內容多多少少有些不符現代季節的狀況，即使如此，還是以配合四季的節日為主題。

閱讀過程中若產生「這相當於新曆的幾月？」等疑問，請再回到本頁確認。

喜歡節慶活動的江戶人，配合四季過生活

夏季裡的長屋

使用蚊帳防蚊，在大水盆裡裝水戲水，都是度過夏季的方法。

蚊帳

團扇

水桶

水盆

江戶庶民很懂得配合不同季節為生活找樂子。他們多半住在稱為「長屋」的集合式住宅中，長屋也成為他們參與季節活動的起點。附帶一提，長屋分為「表店」與「裏店」。經濟較寬裕的商人或工匠住在面向大馬路的「表店」，其他人則住在包圍「表店」內側的「裏店」（又稱裏長屋）。

裏店的格局是這樣的，門口約寬9尺（約等於現在的2.7公尺），屋深2間（約等於現在的3.6公尺），一般來說，整個屋內空間大約3坪，又稱為「九尺二間的裏店」。打開入口處的門，眼前就是個放有煮飯用爐灶的「土間」，再往裡面只有一室，大小約相當於3個或4個半榻榻米。

一到夏天，住在長屋的民眾就會打開對外門戶與內窗，讓風吹進室內。日光強烈時，就掛上竹捲簾或放竹屏風遮太陽。因為把門窗打開的關係，夜裡常受

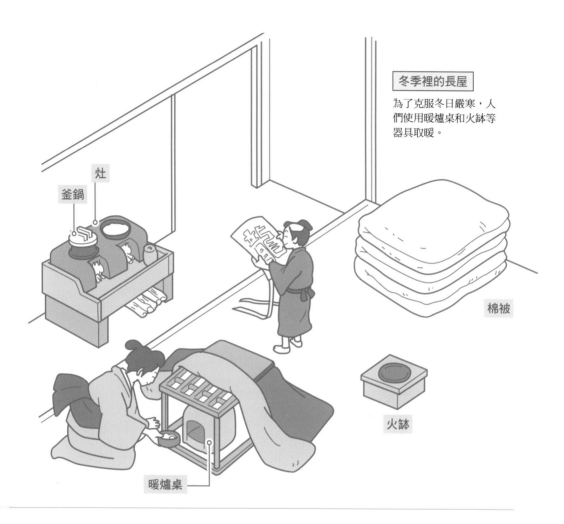

釜鍋

灶

冬季裡的長屋

為了克服冬日嚴寒，人們使用暖爐桌和火鉢等器具取暖。

棉被

火鉢

暖爐桌

蚊蟲侵擾，因應方式有吊掛蚊帳防止蚊蟲飛近，或焚燒名為「蚊遣」的草藥加以驅趕。

江戶時代住宅多半以拉門或紙門隔間，難以抵禦冬季寒氣。當時人們在屋內取暖的用具頂多是火鉢、暖爐桌或隨身暖爐。江戶庶民最常使用的取暖用具是長方形的長火鉢，這東西除了取暖外，還能利用鉢中炭火煮火鍋或熱酒。暖爐桌的原理也是在桌內燒炭取暖，因

為桌底空間狹小，往往無法容納全家一起進入。當然，只靠火鉢也無法溫暖整個室內，天氣冷的時候，一家人只好聚集在暖爐桌旁或火鉢附近抵禦寒冷。

當時沒有像今天這種蓋的棉被，冬天睡覺時蓋在身上的是名為「搔卷」，形狀像是比普通棉袍更大一點的大棉襖。

contents 目錄

第二章　夏天的活動〔4月～6月〕

◆卯月

◆皐月

◆水無月

第三章　秋天的活動〔7月～9月〕

◆文月

第四章　冬天的活動〔10 月～12 月〕

第五章　一整年都在進行的活動

◆ 看戲

◆ 旅行

◆ 花街

◆ 興趣嗜好

第一章

春 天 的 活 動

舊曆 ▷ 1 月～ 3 月
新曆 ▷ 3 月～ 5 月

以季節而言相當於春季的舊曆 1 月到 3 月。說到 1 月，無論現代或古代，多數人應該都會想到熱鬧的新年活動，然而，2 月和 3 月又有哪些節慶活動呢？讓我們透過春天的活動來一窺江戶人的生活樣貌吧。

元旦出門搶首賣特價品，江戶的正月活動最多！

符合條件者 ▷	鄉民	農民	武士	皇家	其他	符合之時代 ▷	江戶前期	江戶中期	江戶後期

 新年還沒到，大家已爭先恐後搶著過新年

正月是一年中活動最多的時期。

江戶時代，為了迎接新年的到來，最早開始準備的是 11 月在大鳥神社的西之市，市集上販賣吉祥物「竹熊手（竹耙）」。

西之市也被稱為「酉大人」，原本是現在東京都足立區內大鷲神社的例行活動。

接著是 12 月 13 日的「大掃除」，象徵掃去厄運壞事之後，就開始正式進入新年的各項活動。

除夕夜當晚，前往位於迎接歲德神之吉祥方位（惠方）上的寺社做新年參拜，順便欣賞日出。新年第一天看日出的習慣（御來光見物）就是從江戶時代開始的習俗。

元旦這天，江戶城裡擠進了來賀年的大名諸侯、幕府諸臣及家臣。住在城下町的鄉民們紛紛前來看熱鬧，也有人趁機兜售東西給等待城主歸來的家臣們。

因為商店都利用元旦前晚的除夕夜盤點結算，元旦這天沒有營業，鄉民們居住的城下町等地區反而一片安靜。

隔天 1 月 2 日，商店舉行新年首賣，搬運第一批貨物來的人與前來購物的客人、門付藝人（詳情請見第 22 頁）聚集，將商店擠得水洩不通。店頭掛著畫有店徽或寫有店號的弓張燈籠，大街上熙來攘往，滿是載著大量首賣商品的拖車及馬匹。

人們陸續出門訪友賀年，孩子們玩放風箏或紙牌。上門的客人如果是熟人，就請對方吃年菜、喝酒，如果只是普通交情，就請對方在門口的禮簿簽名即可。

江戶幕府制定節慶「五節句」中，元月 7 日的「人日」習慣吃七草粥，商店於 11 日慶祝正式開倉做生意。15 日是小正月，16 日是「藪入」，為商店店員放假的日子。

正月的活動

迎向新年，展開最初的節慶活動！

舊曆正月過後不久就是立春，正可說是最適合稱為「新春」的時節。這段時間，江戶人忙著到處訪友賀年。

正月賀年

每逢正月，江戶商人會穿上和武士一樣的「袴*」，四處訪友賀年。這時寒暄的內容不是如今大家熟悉的「恭賀新喜」，當時比較普遍的賀年用語是「謹表慶賀」。

武士

商人

謹表慶賀

元旦日出

洲崎（今東京都江東區）是看元旦日出的知名勝地。另外，也有很多人會到高輪（今品川區、港區）及愛宕山（今港區）做「御來光見物」（看日出）。不過，元旦看日出在當時並非普遍的節慶活動。

活動 FILE

澡堂從 2 日開始營業

澡堂從正月 2 日開始營業。這天上澡堂的人，除了一般費用外還會另給店家小費。每年這天，用紙包起來的小費往往在澡堂櫃台上堆成一座小山。

小費

* 譯註：和服中的男性正裝之一。

17

連大人也沉迷於放風箏，到了政府頒布禁止令的地步

符合條件者 ▷	鄉民	農民	武士	皇家	其他	符合之時代 ▷	江戶前期	江戶中期	江戶後期

 ### 大人小孩都樂在其中
多種多樣的正月遊戲

正月盛行多種遊戲，除了基本的歌留多紙牌、放風箏、板羽球或桌遊「雙六」之外，還有貝合、繪合、花結、小鳥合、十種香、盤遊、縫物比等各種遊戲。

其中，雙六是一種可讓大人小孩一起同樂的玩具。據說雙六於西元7世紀前傳到日本，由於民眾太過沉迷，政府還曾在持續3（689）年頒布「雙六禁止令」。這是日本最早出現的賭博禁止令，因為當時雙六被視為賭具流傳。

接近現代版本的雙六大約始於江戶中期。此一時期，社會上誕生了各式各樣的雙六。

玩雙六時，庶民能在遊戲中化身將軍或大商人、知名演員，坐在桌前就能往來京都及富士山等旅遊勝地，因此大受歡迎。各種版本的雙六中，愈往前進就愈代表出人頭地的「出世雙六」、彷彿帶領玩家紙上行旅日本各地名勝的「名所雙六」，以及描繪歌舞伎演員的「役者雙六」最為風行。

此外，對小孩子來說，透過遊玩雙六，能夠理解社會結構與身分地位等上下關係，或是學到日本地理等等，可說是一種重要的學習工具。

歌留多紙牌約於16世紀後半傳至日本，江戶時代的歌留多紙牌一套48張，和現代的撲克牌很相近。48張的歌留多紙牌後來演變為一套75張的「宇牟須牟紙牌」，常被用來賭博。因此，江戶時代政府多次頒布禁令，禁止使用這種紙牌。

最具代表性的戶外遊戲則是放風箏，人們認為立春之際走出戶外仰望天空有益身心健康，不只小孩，大人也很享受放風箏的樂趣。

板羽球也是戶外遊戲的基本款，當時的人將球拍用的羽子板稱為「胡鬼板」，羽球則稱為「胡鬼之子」。到了元祿年間，人們開始在羽子板和羽球上彩繪或畫上歌舞伎演員等造型，設計漸趨華麗。

正月的遊戲

無論古今，很多人都在玩樂中度過正月

打板羽球或放風箏在這個時代定型為正月的遊戲。其中尤以放風箏最受歡迎，因為太流行，政府還曾頒布禁止令。

盤雙六

繪雙六

盤雙六與繪雙六

江戶時代的雙六，有 7 世紀從中國傳來的盤雙六及流傳到現代的繪雙六兩種。盤雙六屬於對戰形式，一次只限兩個人玩。繪雙六可供複數人同時遊玩，最受歡迎。

風箏

早期風箏綴有長長的腳，稱為「花枝幟」。庶民太熱中於玩風箏，經常因此產生爭執，政府只好明令禁止。

板羽球

古時日本有武士家中生女兒時贈送板羽球祝賀的習俗，這種習俗流傳至民間，板羽球成為正月小女生最常玩的遊戲。

江戶人不惜花錢
也想做個好「初夢」

符合 條件者 ▷	鄉民	農民	武士	皇家	其他

符合之 時代 ▷	江戶前期	江戶中期	江戶後期

 占卜整年吉凶
新年初夢的「寓意」

江戶時代，人們認為夢是神佛傳達的訊息，相信可藉由夢境內容占卜吉凶。

其中，從元旦晚上到元月 2 日早上（或到 2 日晚上）做的夢稱為「初夢」，人們往往用初夢的內容來占卜接下來一年的運氣。

為了做個好夢，從將軍到庶民都會將畫了寶船的圖畫放在枕頭底下。這個習慣據說可回溯到中世紀左右，從此漸漸普及於日本社會。

江戶時代初期，這類圖畫通常在除夕當天販售，到了天明年間，小販也會在 1 月 2 日晚上喊著「寶物、寶物」，與道中雙六等商品一起四處兜售叫賣。

寶船圖種類繁多，有的會將船軸頂部畫成龍頭，帆柱上以寶珠裝飾，或在船帆上寫大大的「寶」字。圖畫上有以回文寫成的詩歌，船上搭乘的是七福神，天空中有白鶴飛過，海裡則有烏龜，總之都是些帶有好兆頭的圖案。

此外，有幾樣東西出現在初夢中就象徵吉兆，吉利程度依序是「一富士二鷹三茄子」。為什麼夢見這三樣東西被認為是好兆頭，其由來有各種說法，最常見的說法與江戶幕府初代將軍德川家康有關。

家康隱居後，他所居住的駿府城所在地駿河國（今靜岡縣中部一帶）最有名的即是日本第一高山富士山，優秀的老鷹棲息於富士山腳，駿河國又盛產茄子，因此有了上述說法。另一個說法是日語中「富士」音近「不死」，「老鷹」音近「高」，茄子的發音則與「成就」相近，都是寓意吉利的詞彙。

萬一做了不好的夢，人們會在隔天早上把寶船圖丟進河裡沖走。到了幕府末期，習俗演變為與夢境吉凶無關，隔天起床就將寶船圖埋進土中。

初夢

希望能做快樂的夢，好運一整年！

占卜一年運勢的初夢，當然盡可能希望夢到好事。為了做個好夢，江戶庶民習慣在除夕夜或年初一早上購買寶船圖。

七福神寶船圖
除夕夜賣的寶船圖，寶船上繪有七福神，畫面看上去就很吉利。

把圖畫放在枕頭下
人們相信只要將寶船圖放在枕頭底下睡覺，就會做帶來好運的初夢。據說這個習慣源自室町時代。

老鷹

富士

茄子

一富士二鷹三茄子
初夢之中，最吉利的是夢到這三樣東西。這三樣東西都是德川家康隱居的駿河國名產，也有一種說法，只要初夢夢到這三樣東西，就能像家康一樣獲得天下。

丟進河裡的習俗
按照習俗，若是做了惡夢，就要將寶船圖丟進河裡沖走。人們相信這麼做能夠重拾好運。

藝人於正月前往家家戶戶巡迴表演

 炒熱江戶正月氣氛的「門付藝人」

每逢正月，各式各樣的藝人就會聚集到江戶來，形成街頭盛況。這些在家家戶戶門口表演的藝人，就稱為「門付藝人」。

舞獅（獅子舞）、萬歲、太神樂、大黑舞、鳥追等，都是具有代表性的門付表演。

太神樂是指包括獅子舞在內，於神社祭典上表演的「舞藝」與轉傘特技等「曲藝」結合而成的「大道藝（街頭表演）」，表演者會一邊吹笛子或打太鼓，一邊遊走家家戶戶之間，表演獅子舞的人會穿上新買的衣服，帶著手巾，腳踩黑色足袋，前往委託表演的人家進行演出。直到現代，還能在某些歷史悠久的老街區看到藝人表演獅子舞。

萬歲是稱為「話藝」的表演藝術之一。起源於古時木匠在朝廷工作時哼唱的「千秋萬歲」。

萬歲的表演方式是由身穿麻布素襖，頭戴烏紗帽的「太夫」和身穿半袴和服的「才藏」兩人一組，前往家家戶戶登門拜訪，才藏配合打鼓的節奏朗誦吉祥話，祝賀該戶人家家業繁盛，健康長壽。

萬歲有三河萬歲、大和萬歲、尾張萬歲等，不同地方的萬歲有不同特色，江戶的「萬歲」指的是三河萬歲。三河萬歲獲准進入江戶城或大名諸侯家中跳舞，可能與德川家康出身三河有關。

1月2日早上出現在家門口的街頭藝人是「鳥追」。鳥追又稱為「女太夫」，由一老一少兩位女性組成。她們頭戴編笠，手套手甲，腳踩日和木屐，身穿木棉和服，沿路彈奏三味線賺取打賞。

大黑舞是由戴面具的男人扮成「大黑天神」，口念祝賀之詞賺取打賞的街頭表演。說來雖然與乞討無異，在江戶也是一種生存方式。

街頭表演
「大道藝」①

炒熱正月氣氛的街頭藝人們

各種街頭藝人遊走於家家戶戶之間，可說是江戶時代正月時的常見風景。這些表演帶有討吉利或避邪除穢的作用。

裡面跳舞的有兩個人

獅子舞

相傳在一年之始跳獅子舞，可以掃除邪惡之物。表演者頂著獅子頭，配合笛子或太鼓的節奏繞行家家戶戶，藉此獲得打賞的紅包。

才藏

烏紗帽

太夫

半袴

萬歲

由稱為「太夫」與「才藏」的兩個男人組成，正月時造訪家家戶戶，配合鼓聲唱歌。

15 日之後改戴「菅笠」

編笠

鳥追

一邊彈奏三味線一邊唱歌，款步輕移的街頭藝人。鳥追有其獨特的規矩，例如從元旦到 15 日都要戴名為「編笠」的斗笠，和服只能穿木棉和服等。

出沒在人來人往處的街頭藝人們

不限正月，只要是人來人往的市集或神社，都能看到各種街頭藝人表演各項才藝，藉此賺取生活費。

香具師
販賣潔牙粉或牙籤等日用品的行腳商人。為了吸引群眾，會先表演雜要或特技。

鎌刀
帶穗鎌刀
手球

綾織
表演拋接鎌刀或手球等雜要特技的街頭藝人。除了天候不佳的日子，只要是人多的地方都能看到，幾乎全年無休。

搖鈴

鹿島的傳話人
以常陸國（今茨城縣）鹿島大明神傳話人身分販賣趨避天災人禍的神符。不過，其中也有胡說八道騙取金錢的人。

哇哇天王，最愛熱鬧

哇哇天王
身穿黑色羽織與袴褲，臉戴天狗面具的男人。嘴上嚷著「哇哇天王最愛熱鬧」，四處賺取打賞。

**街頭表演
「大道藝」③**

只要有一藝在身就能生存下去的江戶社會

江戶時代是大眾娛樂的全盛時期，不只江戶，街頭藝人也能在京都、大坂和名古屋等都會地區討生活。

飴屋舞者

出現於江戶時代中期，一邊跳舞一邊賣糖的街頭藝人。特徵是身穿華麗服裝，打著陽傘。由女性負責賣糖。

耍猴戲

訓練猴子表演，四處巡迴的街頭藝人。別名「猿曳」。淺草的猿屋町有專門管理耍猴藝人的地方。

辻謠

唱歌賺取微薄打賞，藉此維持生計的浪人武士。特徵是坐在藺草蓆上，頭戴深斗笠。

一人相撲

一人分飾兩角，表演兩名相撲力士互角模樣的街頭藝人。只穿兜襠布漫遊市街，經常能在人多的地方看見。

正月出門「新年參拜」的人是少數

符合條件者 ▷	鄉民	農民	武士	皇家	其他

符合之時代 ▷	江戶前期	江戶中期	江戶後期

 ### 新年參拜源自江戶時代的「惠方參拜」

進入江戶時代，庶民對旅行及參拜寺社的狂熱更上一層樓。只是，當時還沒有和現代一樣的「新年參拜」習慣。事實上，現代一般人習以為常的新年參拜「初詣」，是從明治時代之後才開始盛行，原本也只流行於東京等都會區，後來才逐漸普及全國各地。

那麼，江戶時代人們又是如何度過正月的呢。當時，一般人多半和家人一起在家中迎接「歲德神」的到來，準備在家中款待神明。

江戶、京都及大坂、名古屋等都會區則不時興在家中等待歲德神，而是在元旦這天自行前往神社寺廟參拜。

話雖如此，一般都會區以外地方的人，也會在正月三天結束後，前往供奉氏神的寺廟或自家的旦那寺（家中墓地所在寺廟）參拜。

新年參拜之所以像現在這樣成為全國性的固定活動，鐵路的發展扮演了很重要的角色。

鋪設鐵路之後，前往川崎大師、成田山新勝寺、伊勢神宮、太宰府天滿宮等各地知名寺社參拜變得很方便。如此一來，許多人就開始在新年這天出門前往寺社參拜了。

大部分人會在元旦這天進行新年參拜。此外，這天早上一家之主有件非做不可的事。那就是在出門前換好衣服，前往自家水井。江戶時代，水井是人們不可或缺的生命線。新的一年，就要從汲一桶新水回家開始。這時汲回家的水稱為「若水」，一家之主將汲回的井水獻給神佛，祈求一家整年平安。

此外，也有用若水泡茶喝的風俗。放入黑豆、昆布結、小梅子或山椒等代表好兆頭的東西及調味品，泡成的茶叫做「大福茶」。此外，也有用若水煮年糕湯吃的風俗習慣。

新年參拜

不出遠門！江戶時代的新年參拜習慣

江戶庶民新年期間多半喜歡在家悠閒度過，為了去神社或寺廟參拜而出遠門的人不多。

新年參拜

進入江戶中期，從江戶、京都、大坂及名古屋等都會區開始流行新年參拜。江戶人出門時，無論大人小孩都會換上體面的服裝。交通方式基本上以徒步為主，不會去太遠的寺社參拜。

寢正月

為了迎接歲德神，很多人除夕晚上不睡覺。因此，元旦一整天都在補眠睡覺的人也不少。

鐵路的發達

正月前往寺社做新年參拜的模式，從廣鋪鐵路的明治時代之後才漸漸普及。如果是從前的惠方參拜，因為每年參拜方位不同，有些時候鐵路公司就會賺不到參拜客的車錢。漸漸地，參拜方位受限的惠方參拜習慣，也就從鐵路發達之後開始廢除。

人們相信泡七草水剪指甲就不會感冒

符合條件者 ▷	鄉民	農民	武士	皇家	其他	符合之時代 ▷	江戶前期	江戶中期	江戶後期

 ## 到了「人日節」江戶城也吃七草粥

水芹、薺菜、鼠麴草、繁縷、寶蓋草、白蘿蔔、蕪菁，用這七種植物煮成的粥就是七草粥。吃七草粥的習慣，據說源於室町時代。

吃七草粥的日子是1月7日「人日節」。現代人或許不太熟悉這個節日，在江戶時代，人日節、上巳節（3月3日）和端午節（5月5日）、七夕節（7月7日）及重陽節（9月9日）合稱「五節句」，是江戶幕府官方制定的「式日（國定假日）」。古代中國則有一日雞、二日犬、三日豬、四日羊、五日牛、六日馬的習俗，分別於該日占卜對應動物的吉凶，屬於那一天的動物就不可宰殺。

如此順著下來，1月7日是為「人日」，這天除了不可處刑罪人外，另一個習俗就是要吃加了七種類蔬菜的羹湯。

這種習俗傳到日本，配合春天摘採嫩菜野遊的風俗，演變為在這天用七種具有生命力的野草煮成粥吃，藉此袪除邪氣，祈求無病息災的習慣。

人日節這天，江戶城中將軍以下的所有武士前一天晚上就要換上長裃，神情肅穆地在樂隊伴奏下，面朝惠方吃七草粥，祈求無病息災。

人日節結束後，江戶也結束代表新年期間的「松之內」，幕府從11日起恢復平日運作。因此，這一天作為區隔之日，可說意義重大。

附帶一提，當時人們相信用泡過七草的水浸泡指甲，泡軟再剪，往後一整年就不會感冒。人日節也就成了過完年第一次剪指甲的日子。

春之七草

吃七草粥就能換來不生病的一年？

一邊祈求無病息災一邊吃七草粥，這個延續到現代的習慣，
正是有栽培春季嫩菜習慣的舊曆特有的節慶活動。

七草

烹調七草粥
吃七草粥原本是武士家的習俗，到了江戶時代，一般庶民才跟著這麼吃。此外，七草粥裡不用放滿七種植物也無妨。

泡過七草的水

剪指甲
把手指和腳趾放進泡過七草的水盆中，等指甲泡軟後再剪。人們相信這麼一來，往後一年就不會感冒。

吃七草粥的武士家
吃七草粥的日子是官方制定的「式日」，武士必須換上正式服裝，一邊祈求無病息災，一邊品嘗七草粥。

春之七草

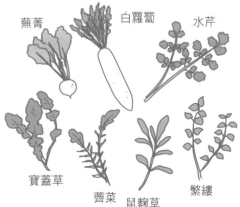

蕪菁　　白蘿蔔　　水芹

寶蓋草　　薺菜　　鼠麴草　　繁縷

供奉於甲冑前的年糕
是鏡餅的原型

符合條件者 ▷	鄉民	農民	武士	皇家	其他

符合之時代 ▷	江戶前期	江戶中期	江戶後期

 吃鏡餅的習俗源於武士家的「具足開」

正月 11 日，武士家會舉行名為「具足開」的活動，後來演變為吃鏡餅的習俗「鏡開」。

所謂「具足開」，指的是武士家會在放置於凹間的甲冑（具足）前供奉具足餅（把圓形年糕疊起來的供品，這裡的餅指的就是年糕），正月 11 日這天撤掉餅上裝飾，當天晚上煮成年糕湯來吃的例行習慣。原本稱為「慶祝刃柄」，是在正月 20 日進行的活動，因為第三代將軍家光的忌日是 20 日，後來才將具足開改成 11 日。

順帶一提，女性使用的鏡子前也會供奉圓形年糕，稱為「鏡餅」，現在吃鏡餅的習俗「鏡開」便由來於此。

從甲冑前撤下的具足餅，在武士家會煮來請家臣吃。但是，「切」年糕的動作令人聯想到「切腹」，太不吉利。於是改用木槌或用手將年糕敲成易於食用的大小，這個敲開年糕的動作就稱為「開」。

此外，「開」這個字也有「開展」、「拓展」、「開枝散葉」的意思，「具足開」便衍伸為祈求家繁業茂的活動。不只如此，用具足餅煮成年糕湯分給家臣食用，也象徵了誓言一族團結的決心。

最早只煮成年糕湯的具足餅，從 19 世紀中期的天保年間開始，也會加在紅豆湯裡吃，這個習慣一直延續到現在。

原本庶民在正月 4 日這天撤下供桌上的年糕，煮成紅豆年糕湯來吃。不過，隨著時代的演進，一般人也模仿武士家的習慣，改在正月 11 日那天撤下鏡餅，同樣不用刀切，改用木槌敲碎鏡餅，是為「鏡開」。

另一方面，商家有在 11 日這天打開倉庫，啟用全新大福帳（帳簿）的習慣，這叫做「藏開」。

鏡開

吃下蘊含神明運氣與力量的鏡餅

人們認為神明棲宿在鏡餅中，要吃下去才有意義。因為「切」或「割」都不吉利，就改用「開」來表現。

鏡開

用木槌敲打鏡餅，敲成適合食用的大小。因為用刀切開會讓人聯想到「切腹」，絕對不能這麼做。敲開的鏡餅（年糕）可以煮成紅豆年糕湯或鹹年糕湯，也可以做成烤年糕來吃。

木槌

年糕

具足開

「鏡開」的原型就是武士家的「具足開」。在凹間的具足（甲冑）前供奉年糕，正月11 日晚上煮成年糕湯吃。

大福帳

藏開

商人們開倉做生意的日子，也會啟用全新的大福帳（帳簿）。到了現代，有些商家會在藏開這天舉行特賣。

有望一獲千金的「富籤」就是江戶人的大樂透

符合條件者 ▷	鄉民	農民	武士	皇家	其他	符合之時代 ▷	江戶前期	江戶中期	江戶後期

 中獎就能一獲千金！江戶時代的大樂透「富籤」

江戶時代也有跟現在樂透一樣的彩券，名叫「富籤」。

開獎時用錐子去戳放在箱子裡的木牌，戳中的木牌號碼即為中獎號碼。因為使用這種方式開獎，所以富籤也稱為「富突」或「突富」＊，有時也簡稱「富」。

16世紀後期，富籤發祥於攝津國箕面（今大阪府箕面市）的瀧安寺。一開始是授予中籤者護身符的活動，後於元祿～享保年間（1688～1736年）盛行於江戶。由於抽籤方式具有強烈的賭博性質，曾被政府禁止過好幾次。因為也可用選木牌號碼的方式購買富籤，市面上甚至出現利用八卦或夢境內容、時間等占卜中獎號碼的書籍。儘管如此，若販售富籤所得只限於用來修復寺社，政府依然允許發行販售，這種合法富籤稱為「御免富」。

對當時財政窘迫的幕府來說，給寺社的拜領金等資金援助成為一大負擔。寺社發行富籤不但能籌措資金，還能將賭博行為限制在寺社內，對政府而言堪稱利多。站在寺社的角度則能有效獲取修復資金，只有好處沒有壞處。

後來，雖然寬政改革時期曾一度廢止發行，在富籤全盛時期的文化天保年間（1804～1844年），光是江戶一地，每月就有超過30個發行富籤的地方。其中，谷中感應寺、湯島天神與目黑不動尊更被稱為「江戶三富」，是最熱門的購買地點。

當時「三富」的最高中獎金額是100兩。普通住在長屋的庶民，往往連價值1兩的「小判」錢幣都沒拿過，若能一舉中獎100兩，那可真是一獲千金，像作夢一樣的好事。

同時，除了官方認可的「御免富」外，還有售價更便宜，對庶民而言更容易買到的非合法富籤橫行黑市，這種富籤又稱為「影富」。

＊譯註：「突」在日語中有戳的意思。

富籤

江戶人也懷抱成為億萬富翁的夢想

將寫有號碼的富籤木牌放入箱子，再用錐子去戳，這種方法大受庶民歡迎。不過，當時的富籤價格比現在樂透還昂貴。

中獎籤　　　錐子

購買富籤的人

富籤

一張富籤價格從 1 分錢到 2 朱錢都有，換算成現在的貨幣價格，相當於 1～3 萬日圓，非常昂貴。另外，開獎的地點是江戶內各個神社內。

富籤

富籤屋

富籤可在「富籤屋」購買。販售者將富籤立起來擺放，供購買者選購。

影富

影富

始於買不起富籤的極貧階層之間，是一種賭博行為。以當期開獎的富籤號碼為賭注，賭金比購買真正的富籤便宜。

33

古代的萬聖節？
端午的稻荷社祭

春天的活動
其九

符合 條件者 ▷	鄉民	農民	武士	皇家	其他	符合之 時代 ▷	江戶前期	江戶中期	江戶後期

 **一年一度，令江戶城
為之沸騰的「初午」**

2月第一個「午日」就稱為「初午」，這天會在稻荷神社舉行熱鬧的祭典。

初午現在是遍布全日本的稻荷神社舉行祭典之日，據說這個習俗始於神明降臨稻荷神社總本山（京都伏見稻荷）的日子，也就是和銅4（711）年2月11日，當天即是初午之日。

稻荷神原本是庶民為了祈求五穀豐收、福德滿載而祭拜的農業之神。有一種說法是，稻荷兩字就來自「稻生」。後來稻荷神漸漸演變為保佑現世利益的商業之神，祭祀稻荷神的也從農民演變為商人。到了江戶時代，稻荷信仰成為社會上最普遍的信仰，日本全國設有超過數千間大大小小的稻荷神社，甚至有「江戶最多就是伊勢屋稻荷和狗糞」的說法，意指走在路上到處都能看見稻荷神社。

江戶的稻荷神社中，最有名的是王子稻荷，每到初午之日，這裡就會舉辦「風箏市集」。因為風箏能「阻隔助長火勢的風」，人們認為放風箏有預防火災的效果，在火災頻傳的江戶，風箏是庶民心目中的吉祥物。

除了貴族大名家、旗本武士家與商人家，庶民居住的共同空間長屋內，也會將稻荷神視為屋敷神（守護家屋的神明）祭祀。因此，初午這天的祭典往往帶動整個城內的氣氛，熱鬧非凡。尤其對小孩子來說，初午是一年當中最期待的祭典。

一到初午，孩子們會敲打太鼓，一邊喊著「大勸化、大勸化」，一邊四處造訪人家，領取「勸化」（香油錢、捐獻金）。家中祭祀稻荷明神的大名宅邸，也會在初午這天對外開放，讓孩子們入內遊玩。

說到稻荷就讓人想到狐狸，當時的江戶有許多狐狸棲息，人們認為狐狸是稻荷明神的使者（族人），狐狸因此受到崇敬。每到春天，還有供奉炸豆腐或丸子給狐狸的習俗。

初午

不管怎麼說，江戶人最愛祭典了！

即使正月已過，江戶人心中的祭典氛圍依然如火如荼。初午這天，人們會在稻荷神社舉行盛大的祭典。

初午

王子稻荷、妻戀稻荷、烏森稻荷等，都是吸引眾多人潮的稻荷神社。祭典上有街頭藝人表演，也有不少攤販。

手遊太鼓

大太鼓
吸引客人的道具，
非賣品。

初午賣太鼓

稻荷祭典中出現販售太鼓的人，對孩子們叫賣太鼓。這稱為「初午太鼓」或「手遊太鼓」，對玩膩正月遊戲的孩子來說，是最有魅力的玩具。

大勸化

大勸化

手拿太鼓的孩子們會一邊喊著「大勸化」一邊遊走家家戶戶之間，跟大人領取香油錢。和現代的萬聖節有異曲同工之妙。

江戶小孩的入學季
是 2 月

符合條件者 ▷	鄉民	農民	武士	皇家	其他	符合之時代 ▷	江戶前期	江戶中期	江戶後期

 6 歲開始進寺子屋
學讀寫與珠算

江戶時代，除非真的很貧窮的人家，一般家庭小孩一到 6 歲，就會從那年 2 月開始上私塾「寺子屋」，學習讀書寫字和珠算。一個城鎮通常有好幾間寺子屋，每間寺子屋指導的學生大概 50 人。寺子屋上課的時間是相當於現在的上午 8 點到下午 2 點。中午學生回家吃飯，下午繼續上課。每月 1 日、15 日、25 日和國定假日、中元節及新年期間放假。

前來寺子屋學習的小孩年齡有大有小，每個人的學習內容也不一樣。基本上都是學讀書寫字，一開始先學讀寫假名字母，習慣之後就讓他們閱讀「往來物（以書信方式介紹生活中實際需要的知識）」。

「往來物」種類繁多，農民小孩學農作物栽培方法，商人小孩學算盤用法或大福帳的記帳法，漁夫小孩學捕魚方法，女孩子學裁縫⋯⋯只要拜託老師，就能用各種方式進行個別學習。

由「寺子屋」的名稱也可得知，這種私塾形式最早是請寺廟僧侶指導小孩讀書，到了江戶時代，演變為請附近有知識教養的人擔任老師。農村地方多半請富農或僧侶、神職人員當老師，都會區則多半請浪人、退休商人或醫師來指導孩子們讀書。寺子屋也有不少女老師，大部分老師另外有正職，不光靠教書養活自己，在寺子屋當老師只是副業或義工。

寺子屋會帶領孩子們在 2 月初午這天煮紅豆飯，到了 3 月花季就請他們吃櫻餅，端午節則有柏餅可吃。到了年底的 12 月，孩子們一起為教室大掃除，把學書法用的硯台洗乾淨後，大家一起喝甜酒釀。這些對孩子們來說，都是開心的校園活動。

寺子屋①

江戶文化支撐下的獨特學校制度

孩子們一滿 6 歲，就會到稱為「寺子屋」的私塾學習。全盛時期光是江戶就有 400 ～ 500 間寺子屋。

寺子屋

娛樂書籍的流通與貨幣經濟的發達，使「讀書、寫字、珠算」在進入江戶時代後成為常識，也造成寺子屋的數量急增。一間寺子屋大約能供幾十個孩子上課。

請多多指教

入門

一般來說，進入寺子屋學習，是在孩子滿 6 歲這年的初午前後。入門之後，約花 4 ～ 5 年的時間在這裡學習。

給我在那邊罰站！

懲罰

上課吵鬧的孩子會被老師懲罰。懲罰內容有在教室角落罰站、捧著裝滿水的碗或手持長線香（以防孩子繼續搗蛋）等。

不只教一般常識，也教專業知識

「往來物」就是孩子們的教科書。這些以書信方式呈現的教科書內，充滿他們今後需要的各種專業知識。

商人

商人小孩讀的往來物中，有數學和算盤使用方式的解說。

農民

稻米及蔬菜的栽培對農民而言是不可或缺的知識，往來物中記載著栽培時需要注意的地方和訣竅。

漁夫

漁夫的孩子讀記載了魚類名稱與圖案的圖鑑，以及教他們如何捕魚的往來物。

女孩子

裁縫是女人的工作，也是江戶時代女孩子必學的事。除了裁縫外，往來物中也會教導她們禮節規範。

寺子屋③

沒有嚴格的規定，自由度高

寺子屋類似現代的小學，只是並非義務教育，經營的老師也不需要教師執照。

上學

早上 8 點開始上課，不過沒有類似現代課表的東西，如果有事要回家幫忙，隨時都可以離開。

我要開動了

午餐

上午的課結束後，孩子們會先回家吃午餐。也有帶便當來寺子屋吃的小孩。

我回來了

放學

下午 2 點放學後，孩子們各自回家。順帶一提，男生唸到 12 或 13 歲畢業，女生則是 13 或 14 歲前畢業。

富商　　僧侶　　神職人員　　浪人

老師

孩子們稱寺子屋的老師為「師匠」，擔任師匠不須教師執照，只要對教學有興趣，誰都可以擔任。寺子屋的老師中，有許多是富商、僧侶、神職人員或浪人武士。

神社就是町內美術館！
江戶的巨大繪馬

符合條件者 ▷	鄉民	農民	武士	皇家	其他	符合之時代 ▷	江戶前期	江戶中期	江戶後期

 ### 寫上對神佛的祈願
江戶時代流行供奉繪馬

將寫上疾病痊癒、生意興隆、家宅平安等心願的繪馬供奉給神社，這個作法的由來是古代人們供奉馬匹給神社，供神明騎乘。這些馬匹稱為神馬，由神社飼養下來。

到了平安時代，從供奉活馬轉變為在木板上描繪馬匹圖案，其中最受歡迎的圖案是靈氣十足的白馬。

一開始只是在木板上畫馬，後來一些畫家或家境富裕的人也會在木板上畫討吉利的物品或具有歷史性的圖案，並將這些木板供奉給神社。其中也有與馬無關，單純畫上巨幅圖案的板額。因此，現代繪馬即使沒有畫上馬的圖案，仍然稱為「繪馬」。

江戶時代，庶民之間流行在神社供奉畫有誓言或願望的小型繪馬，作為祈願的證明。後來又出現四處兜售繪馬的小販，繪馬也就漸漸固定成為祈願時的供奉品。

因此，繪馬的圖案愈來愈多樣化，比方說畫猿猴的代表庚申信仰，畫雞的代表荒神信仰、畫富士山的代表淺間信仰、畫菅原道真的代表天神信仰等等。

2月初午之日將近時，許多人都會到稻荷神社供奉畫有狐狸的繪馬，因為相傳狐狸是稻荷明神的使者。

發展到後來，祈求斬斷男女緣分時，就會供奉畫著男女背對圖案的繪馬，想戒酒的人，就供奉畫著酒瓶上鎖圖案的繪馬。人們將這些繪馬掛在神社內的樹木枝頭或大堂欄杆上供奉、祈願。

江戶時代的人們甚至會在路邊涼亭的欄杆上掛繪馬，祈求各種願望。對江戶庶民而言，向神佛祈願時，繪馬是不可或缺的要件。

繪馬

供奉繪馬始於江戶時代

現在神社常見的繪馬從江戶時代開始流行。尤其稻荷神社舉行祭典的初午之日，供奉繪馬的人特別多。

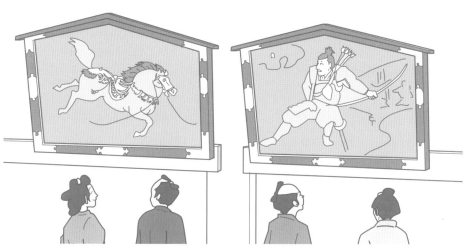

繪馬
現代的繪馬尺寸不大，江戶時代的繪馬卻是用極鮮豔的色彩畫在巨大木板上，有時也用來當作神社大殿的裝飾。除了神社外，也有寺廟以繪馬做裝飾。

繪馬商人
到處叫賣繪馬的小販，賣的是和現代一樣小尺寸的繪馬。

活動 FILE

江戶時代開始
在繪馬寫上願望

在繪馬上寫「生意興隆」、「家宅平安」等願望的習慣始於江戶時代。不過，到了明治時代之後才成為普遍的風俗。

紙製可立式女兒節人偶
愈演變愈豪華！

符合條件者 ▷	鄉民	農民	武士	皇家	其他

符合之時代 ▷	江戶前期	江戶中期	江戶後期

 ### 江戶女兒節的盛大慶典
流行豪華、大型的雛人偶

女兒節（雛祭）原本稱為「上巳節」，是在3月第一個「巳之日」將人偶放入河川流走的節慶活動，後來配合貴族女孩之間常玩的「雛人偶」，演變成現在的形式。

上巳節剛從中國傳到日本時，節日的過法和中國一樣，先以水清淨嘴巴與手腳，將邪穢轉移到紙做的人偶身上，再把人偶放進海水或河川中流走。這種習俗又稱為「流雛」，現在有些地方還會舉行這種儀式。

現代女兒節用來裝飾的雛人偶，是從古代貴族女兒的「雛戲」玩具進化而來，造型上模仿宮中宴會的打扮，讓雛人偶穿上貴族風的衣服。

到了室町時代，除了用來放水流的紙人偶外，也開始製作鑑賞用的雛人偶。這時的雛人偶多為站姿，一直到江戶時代寬永年間（1624～1644年），才發展出現在常見的坐姿人偶。

之後，為了在人偶端坐的台座「雛壇」上擺放更多裝飾、道具及人偶，不只衍生出階梯形的台座，還讓人偶穿上用金襴布或錦緞做的衣服，雛人偶的設計愈來愈豪華也愈來愈大型。

到了天保年間（1830～1844年），日本橋成立專賣雛人偶的市集，路邊甚至建造了臨時的雛人偶屋，規模盛大。因為雛人偶實在太過奢華，幕府還曾頒布禁止令，只是沒有太大的遏止效果。

在江戶城中，每到上巳節的前一天，就會收到御三家＊寄來的贈禮，各大名諸侯換上長袴裝上朝，參見將軍與住在二之丸的繼承者。後來，將軍也會贈送雛人偶給御台所（夫人）及公主們。

＊譯註：指擁有德川幕府將軍繼承權的三大旁系，到現代則泛指某領域中公認的三巨頭。

女兒節①

江戶庶民發展出專為女兒慶祝的祭典

「桃花節」原本是貴族或武士家的儀式，到了江戶時代，成為庶民慶祝家中女兒成長的慶祝活動。

雪洞燈籠　屏風

菱餅

雛壇

從舊曆3月1日到3日都是上巳節，也就是女兒節。江戶時代，家有女兒的家庭習慣慶祝女兒節，在室內擺放雛壇作為裝飾。起初裝飾的是紙人偶，後來漸漸演變為豪華的女兒節人偶。

紙製，可站立

紙雛

紙製的男女成對人偶。原本是在名為「形代」的除穢儀式上使用的道具。

流雛

把邪穢轉移到紙做的人偶身上，放入水中漂流淨化的節慶活動。據說是女兒節（雛祭）的由來。

普及於庶民之間，形成一大商圈

女兒節祭典逐漸普及，成為一門商機。每年這時期，江戶街頭滿是外出購買雛人偶的民眾。

豐島屋

酒行豐島屋前滿是上門選購白酒的客人。甚至有人前一天就從外地來排隊。連德川家康（也有一說是豐臣秀吉）都很中意豐島屋的白酒。

賣白酒的小販

白酒在庶民之間大受歡迎，蔚為風潮後，街頭也出現兜售白酒的小販。

菱餅

現代的菱餅多半是粉紅、白及綠色的三色餅。江戶時代的配色則是白藍白，只使用兩種顏色。

女兒節③

美侖美奐的豪華道具接連誕生！

雛壇上有許多襯托雛人偶的道具。從江戶時代開始增加種類，也出現了關於擺放位置等的規定。

雪洞燈籠
室內照明用的燈籠，因光線微弱而得此名＊。

簞笥
用來收納人偶衣服或裝飾品的家具。

長持
可由兩人一前一後挑起的大型收納箱。

鋏箱
外出時由隨從扛著的工具箱。

火缽
燒炭取暖用的器具。

駕籠
供人乘坐的轎子。

御所車
移動時搭乘的牛車。

重箱
塗漆餐具。

活動 FILE

**雛人偶的道具
就是嫁妝**

雛壇上與雛人偶放在一起裝飾的道具，仿造的是大名諸侯家公主出嫁時的嫁妝。在工匠的技術競爭下，道具製作得愈來愈豪華，到最後，雛壇上的道具變成了真正的嫁妝，帶著雛壇出嫁的姑娘們，每次看到雛壇就會想起娘家吧。

＊譯註：雪洞的發音近似微弱。

還有玩角色扮演的參加者！
江戶人最愛的賞花活動

| 符合條件者 ▷ | 鄉民 | 農民 | 武士 | 皇家 | 其他 | 符合之時代 ▷ | 江戶前期 | 江戶中期 | 江戶後期 |

 ### 上野的賞花時間只到傍晚6點 寬永寺則禁止賞夜櫻

現代人提到賞花，一般最先想到的都是櫻花。其實，江戶時代梅花比櫻花更受賞花民眾歡迎。現在日本的梅花品種超過 300 種，幾乎都是江戶時代栽種、改良出來的。

當時知名的賞梅勝地有龜戶的梅屋敷（今江東區）、湯島天神（今文京區）還有被稱為「新梅屋敷」的向島百花園（今墨田區）。其中，龜戶梅屋敷的「臥龍梅」，在專門記載四季名花的《江戶名所花曆》中也被記上一筆，特別受當時的賞花民眾矚目。臥龍指的是龍躺臥的模樣，意指花謝之後梅樹姿態宛如一條臥龍，可見欣賞氣派的枝幹也是賞梅的樂趣之一。

櫻花方面則有「江戶三大櫻」，指的是白山神社（今文京區）的旗櫻、金王八幡宮（今澀谷區）的金王櫻以及圓照寺（今新宿區）的右衛門櫻。此外，富岡八幡宮（今江東區）的歌仙櫻也很有名。這些櫻樹不是「御神木」就是歷史悠久的名樹，成為民眾的賞櫻重點。當時的人賞櫻，欣賞的不是眾多櫻樹一起綻放的盛況，反而偏向仔細鑑賞單棵樹上的花朵。

像現在這樣聚集在盛開櫻樹林下喝酒享樂的賞花風格，奠定於享保年間（西元 1716 ～ 1736 年）。當時人們喜歡和工作夥伴或住同一間長屋的鄰居前往知名賞花勝地，坐在樹下喝酒或唱歌跳舞，藉此一掃平日的煩憂。

那時最具代表性的賞櫻名勝有上野之山（今台東區）、飛鳥山（今北區）、御殿山（今品川區）、隅田堤（今台東區、墨田區）等。這些地方直到今天仍是廣受歡迎的知名賞櫻景點，其中上野是第三代將軍德川家光模仿奈良吉野山，特地在寬永寺植下櫻樹栽培，比其他地區更早形成的賞櫻名勝。話雖如此，由於寬永寺是德川家的菩提寺，為保持寺院內的清靜，禁止夜晚入內賞櫻。

賞花①

邊賞花邊喝酒的庶民文化崛起

賞花原本只是貴族或武士家的活動，到了江戶時代才普及到
庶民階層，成為和親友夥伴相約花下的酒宴。

富裕階層的賞花活動

有錢人會用屏風、布幕或衣服隔起占
到的場地，在裡面設宴喝酒。酒宴上
還會請來藝人表演，或向一流餐廳訂
購裝在「重箱」裡的外送餐點。

衣服

重箱

眼罩小販

眼罩

眼罩小販
小販向賞花客兜售名為「目鬘」的變裝用
眼罩。有些人會買來變裝，頗有角色扮演
的味道，也能為酒宴助興。

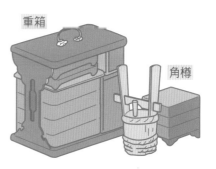

重箱

角樽

「重箱」是用來裝飯菜的容器，「角樽」
是裝酒的容器，兩者都是在喜慶節日時才
用的東西，也會出現在富人賞花時的酒宴
上。

賞花②

廣植櫻樹是幕府政策

進入江戶中期，在幕府政策主導下設立賞櫻勝地。據說當時就在飛鳥山種下了超過 1000 棵櫻花樹。

飛鳥山石碑
賞櫻名勝之一的飛鳥山有塊石碑，成為知名景點。石碑上刻的是不易解讀的漢文，以「看不懂的石碑」聞名。這塊石碑至今還能看見。

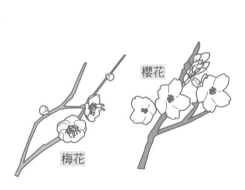

櫻花

梅花

第八代將軍德川吉宗推廣種植櫻樹，促使賞櫻普及於一般庶民階層。在那之前，說到賞花，賞的多半是梅花。

櫻餅

在隅田川沿岸長命寺（今墨田區）販售的櫻餅深受賞花遊客喜愛。如今仍在同一地點販售。

賞花③

有些地方設有嚴格的賞花規矩

有允許喧嘩的賞花地點，也有地方嚴禁吵鬧。在允許喧嘩的地方，誕生了許多餘興活動。

請回吧！

寬永寺賞花

寬永寺是德川家的菩提寺，因此嚴禁賞花遊客在此舉行酒宴，且設有「18點後禁止出入」的嚴格規定。附帶一提，從前的寬永寺所在之處就是現在的上野公園，至今仍是頂級的賞櫻勝地。

賞花遊客

為了忘記日常生活的辛苦，江戶人喜歡在賞花時飲酒作樂。傍晚就叫來遊女陪同，原訂當天來回的行程，有人因此多停留了一晚。

丟土器

酒席上流行的餘興遊戲之一，就是丟土器。拿沒有圖案的陶盤丟著玩，也有許願或除厄的意思。

一尾 20 萬日圓！
江戶人超乎常軌的初鰹愛

符合 條件者 ▷	鄉民	農民	武士	皇家	其他		符合之 時代 ▷	江戶前期	江戶中期	江戶後期

 即使幕府下令禁止
也無法結束的「初物」爭奪戰

　　江戶時代盛傳「吃初物可多活 75 天」的說法。所謂「初物」指的是第一批上市的當季農作物或漁獲物。在當時人們的觀念中，吃了這些「初物」就能獲得新的生命力。

　　其中江戶人最熱中的就是買當季捕撈、第一批上市的「初鰹」。鰹魚雖然被視為下等魚，鎌倉時代之後，由於「鰹」與「勝男」同音，成為武士偏好的食物，人們開始吃鰹魚尋求好兆頭，鰹魚也成為受到重視的食物。

　　鰹魚是一種洄游魚類，每年大約 4 月游到東京灣，吃鰹魚的當令季節原本應是夏秋。然而，性急的江戶人把從伊豆捕撈的鰹魚運送到江戶城來，先進獻江戶城後，民間的初鰹爭奪戰就此展開。

　　初鰹一條價格約 1 ～ 3 兩，換算成現在的貨幣約為 10 ～ 30 萬日圓。只要忍耐一下，等到當令季節再吃，價格就會下滑了，卻有很多人寧可「典當老婆」、「賣掉佛壇」也要買昂貴的初鰹吃。

　　話雖如此，姑且不提大商行老闆等有錢人，初鰹對庶民而言仍是高攀不起的食物。一般人多半只能等價格滑落後，和親友一起買來分食。不過，像這樣即使打腫臉充胖子也要吃初鰹，只能說是江戶人的美學，也是江戶人的意氣。

　　除了初鰹，新鮮香菇、梨子、蜜柑、茄子等作物，江戶人都堅持要吃第一批上市的「初物」。吃初物是江戶時代的風潮，每個人都想炫耀自己「已經吃過了」，不惜花大錢也要買來吃。

　　說來令人莞爾，由於對初物的熱情導致物價高漲，貞享 3（1686）年幕府不得不頒發「初物禁止令」。

初鰹

為了沉浸在優越感中，花大錢也在所不惜！

即使價格昂貴，能比任何人更早吃到鰹魚，對江戶人來說是最值得自豪的事。每年初春，都會展開初鰹爭奪戰。

魚販　　初鰹

日本橋的初鰹

日本橋有魚市場，每到這個季節，就能看見將鰹魚放在大木盆裡扛著跑的賣魚商人。鰹魚的當令季節是夏季與秋季，江戶人特別喜歡吃夏天的鰹魚。吃法是做成生魚片，沾辣味噌醬吃。

歌舞伎演員

歌舞伎演員第三代歌右衛門最廣為人知的軼事，就是曾花 3 兩買初鰹。換算成現在的金額相當於 30 萬日圓。不過他也從此打響知名度，將這當成宣傳費用或許還算便宜。

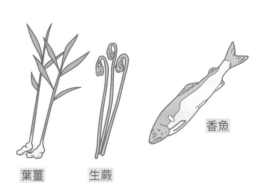

葉薑　　生蕨　　香魚

當令食材

除了鰹魚，這個季節的當令食材還有葉薑、生蕨、香魚等。雖然無法媲美對初鰹的堅持，江戶人還是很願意花大錢買這些當令食材的「初物」來吃。

以參拜寺社之名，行遊樂之實，這就是江戶作風

符合條件者 ▷	鄉民	農民	武士	皇家	其他	符合之時代 ▷	江戶前期	江戶中期	江戶後期

 ## 江戶首屈一指的遊樂場：淺草奧山

江戶庶民比現代人對宗教信仰更虔誠，參拜寺社是日常生活根深蒂固的一部分。尤其每年春天是當年度最初的「開帳」，往往吸引大批人潮。這裡的「開帳」，指的是對一般人公開寺社珍藏的寶物。

開帳有兩種，一種是在自家寺社公開祕佛或本尊的「居開帳」，一種是前往其他地方舉行的「出開帳」。出開帳全日本都有，人口密度高的江戶尤其多。

其中最有名的是淺草寺、回向院和深川八幡。這些寺社周圍都有大型的繁華鬧區，呈現熱鬧的氣氛。淺草又是其中數一數二的觀光區，淺草寺內茶屋林立，吸引不少參拜者上門消費。尤其是位於觀音堂西北側的區域，這一帶稱為「奧山」，是當時庶民娛樂場所聚集之處。許多人前往淺草寺參拜，不只是因為信仰虔誠，順便去奧山等地玩樂才是其真正目的。

淺草觀音在江戶時代留下超過 30 次的開帳紀錄。每逢開帳日，參拜者都會比平常多。奧山有「水茶屋」和提供食物的攤販，也有賣「房楊枝」（柳枝前端迸裂，形狀類似牙刷的道具）的「楊枝屋」。此外，街頭表演藝人也會來此賣藝。還常看到表演雜耍、小型戲劇、魔術秀或展示珍禽異獸的「見世物小屋」，吸引眾多人潮。

對鄰居說自己「出門玩樂」總覺得哪裡不妥，可是只要說是「出門參拜」，人人都可光明正大外出遊樂。江戶的人們就是這麼以參拜之名，行玩樂之實，只要事後買份護身符或靈符回來當證據就好。

除此之外，寺廟神社通常視野良好，多半是賞花或賞紅葉的好地方，因此也成為受歡迎的休閒場所。

開帳

江戶人真的那麼喜歡寺社？

開帳就是寺社公開平常看不到的祕佛本尊，聚集而來的江戶人，不是基於好奇心，就是出門遊玩順路造訪。

睦月

如月

彌生

參觀開帳

根據紀錄，以當時江戶人口大約 100 萬人計算，出門前往參觀開帳的江戶人，以安永 7（1778）年回向院的出開帳為例，就在 60 天內吸引了 163 萬人次造訪。

模仿藝人「貓八」

街頭藝人也會配合開帳日期舉行演出。「貓八」是專門模仿貓或鳥叫聲的街頭藝人，特別受遊客歡迎。

裝滿水的水桶

「齒力」

齒力是指牙齒異常堅固的街頭藝人，也很受參觀開帳的遊客喜歡。他們會在木板兩端放置裝滿水的水桶，再用牙齒咬住木板，在群眾面前走來走去，藉此獲取打賞。

找到鮑魚欣喜若狂！
全家出動前往沙灘挖貝

符合條件者 ▷	鄉民	農民	武士	皇家	其他	符合之時代 ▷	江戶前期	江戶中期	江戶後期

江戶兩大戶外休閒活動
賞花與沙灘挖貝

沙灘挖貝可回溯至江戶時代，寬永年間（1624～1644年）完成的〈江戶名所圖屏風〉上，就繪有沙灘挖貝的圖案。

從舊曆3月底起，潮汐進入漲退落差大的「大潮」時期，秋天雖然也有大潮，不過白天就退潮的只限春天。每到這個季節，從深川口到品川、高輪、佃等江戶前地區，以及大井、羽田附近沙灘上，都能看到全家出動挖蛤蜊的江戶民眾。不只一般庶民，武士也很享受沙灘挖貝的樂趣。

現代人前往沙灘挖貝時的標準裝備是長袖上衣配五分短褲，再套上橡膠雨靴，頭戴帽子。當時的人則是在頭上綁手拭巾（手ぬぐい），打赤腳，男人幾乎都穿往上反折到屁股的兜襠布，女人則連和服襯裙都翻起來，紮在腰帶內。挖貝使用的工具是「熊手」（耙子），再帶上用來放戰利品的簍子，在潮間帶泥攤或淺灘上撿拾貝類。

根據介紹江戶時代全年節慶活動的《東都歲時記》，早上搭船出海，卯刻（早上6點）過後開始退潮，午刻（正午時分）原本是海的地方已變成陸地。沙灘挖貝就從這裡開始。花一天時間找尋蜆仔、蛤蜊、竹蟶、馬珂蛤、蠑螺……據說有時還能挖到鮑魚。

《東都歲時記》更描述了人們從沙中找到比目魚或小魚，舉行起宴會的模樣。大概是因為有時也能從淺灘捕到魚蟹，便當場烹調來吃，就這麼和家人朋友就地開起了酒宴。釣船或屋形船上的人也會喝酒助興。有時船老闆還會請藝妓上船。

回到家後，自家人吃不完的戰利品就分給附近鄰居共享，順便炫耀「今天去沙灘挖貝，玩得很開心呢」。

沙灘挖貝

大量退潮的春季是最適合挖貝的季節

春光明媚，適合外出的季節，江戶人不只會去賞花，前往海邊挖貝的休閒行程也很受江戶人歡迎。

沙灘挖貝
除了庶民，武士們也很享受沙灘挖貝的樂趣。此外，有錢人會租釣船或屋形船出海，剛捕獲的魚貝類當場就在船頭烹調，開起酒宴。

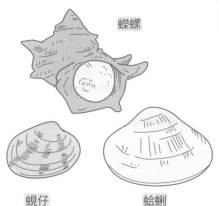

蠑螺

蜆仔　　　　蛤蜊

戰利品
沙灘挖貝的戰利品包括蜆仔、蛤蜊與蠑螺。運氣好時還能挖到鮑魚。另外，小孩子最開心的就是找到小螃蟹。

熊手（耙子）
挖貝時使用的工具叫「熊手」。有些人太專注挖貝，沒注意到開始漲潮，只好急急忙忙向船夫求救。

江戶時代活

與現代比較！

現代的春天約為 4 月，江戶時代的春天則從陰曆睦月（1 月下旬）開始。

江戶	主要活動
迎歲神的重要月份 **睦月** 春天 舊曆 1 月	**初荷** 舊曆正月 1 日是假日，商店要到 2 日才開張營業。這天，街上滿是載著「初荷」（第一批貨物）的拖車和上門購物的客人，一片車水馬龍景象。 **人日** 舊曆 1 月 7 日早上，人們吃七草粥祈求無病息災。這天也是新的一年第一次剪指甲的日子。 
在初午稻荷祭上祈求開運來福 **如月** 春天 舊曆 2 月	**稻荷祭** 江戶有許多保佑商業繁榮的稻荷神社，舊曆 2 月第一個午日是舉行稻荷祭的日子。王子稻荷還有風箏市集，江戶人認為風箏有趨避火災的功效。  **寺子屋入學季** 兒童 6 歲入學，不過不須經過考試。大部分人都在初午這天入學。
欣賞桃花與櫻花的賞花季來臨 **彌生** 春天 舊曆 3 月	**上巳節** 「五節句」之一。又稱桃花節或雛祭。江戶時代已經出現多達八層，裝飾豪華的女兒節人偶。  **賞花** 櫻花一開，人們紛紛聚集上野、隅田川河堤、飛鳥山、御殿山等賞花勝地。

動行事曆 春季篇

試著比較江戶和現代的例行活動吧。

現代	比較・考據

1月的成人式始於昭和時代

1月
冬天
1月1日～1月31日

現代1月仍然具有迎向嶄新一年的意義。跟古代最大的不同，在於1月舉行的成人式。江戶時代雖然也有成人式，舉辦的時期和對成人年齡的定義都不太一樣。

節分撒豆消滅魔鬼

2月
冬天
2月1日～2月29日

現代的節分為立春前一天（2月3日左右），節慶內容也固定為撒豆。慶祝節分的習俗在江戶時代已普及庶民之間，也已經有撒豆的儀式，只是當時視為年底的活動，為的是在正月來臨前除厄。

從明治時代起將3月視為年度尾聲

3月
春天
3月1日～3月31日

在現代日本，年度尾聲的3月底是畢業季。江戶時代的寺子屋則沒有畢業制度。學生上寺子屋學習4～5年，學會讀書寫字後就不再通學，學習內容也因人而異。

新曆

令人看了身心發燙的
挑逗「春天」小故事

北齋與歌麿等知名畫家也畫過春畫

　　春畫又稱為枕繪。江戶時代，隨著版畫技術的發展迎向全盛時期，連葛飾北齋、喜多川哥麿及哥川國芳等知名浮世繪師都以隱號（別名）繪製春畫。

　　聽到「春畫」，各位的想像中可能是好色男性偷偷躲起來看的東西，其實江戶時代老女老少不分貧富，誰都會看這種描繪美豔男女行魚水之歡的春畫。因此，來到日本的外國人見到女性和兒童也在看春畫，周圍的人還一點都不以為意，著實大吃一驚。

　　不只如此，父母還會買春畫或集結春畫成冊的「春本」給兒子女兒看，對當時江戶人而言只不過是家常便飯，對現代人而言或許是難以想像的事。此外，春畫不只用來享受情色的樂趣，也被用來當作夫妻交合時的範本。

第二章

夏 天 的 活 動

舊曆 ▷ 4月～6月
新曆 ▷ 6月～8月

舊曆 4 月稱為立夏,曆法上夏天於 4 月來臨。在沒有冷氣或電風扇等便利電器的時代,江戶人是如何度過炎熱夏天的呢?以下將詳細介紹道地江戶人的夏日活動。

江戶時代的「衣櫥換季」，就是改變衣物厚度

符合條件者 ▷	鄉民	農民	武士	皇家	其他		符合之時代 ▷	江戶前期	江戶中期	江戶後期

 ## 江戶女子都應學習「裁縫」！

衣物換季的起源來自中國宮廷，約於平安時代傳到日本。這個習慣到江戶時代成為慣例，規定從舊曆9月9日到3月底穿名為「綿入」的棉襖（表布與裡襯之間塞入棉花的衣物），4月1日到5月4日，以及9月1日到8日之間穿「袷」（有裡襯的衣物），5月5日到8月底穿「單衣」（沒有裡襯，只使用單層布料的衣物）。足袋也是9月1日穿到3月底的服飾配件。

到了現代，和服依然留有濃厚的換季習俗。大致上來說，10月1日到5月底穿「袷」，6月中與9月中穿「單衣」，7到8月穿單薄的衣服（浴衣也包括在內）。有一部分的和服愛好者把這些規定看得很重要。

江戶時代，因為布料是昂貴的東西，衣服成為珍貴的日用品。庶民會把衣服穿到布料磨破為止，即使換季，也不是像現在這樣把夏天的衣服收起來，拿出冬天的衣服。人們有時會在換季時為單衣上裡襯，到了更冷的季節再縫入棉花，像這樣改變同一件衣服的厚度。

換季時除了改變衣物的厚度，有時也會修補衣物或修改尺寸。這些裁縫工作主要由女性負責。江戶時代新娘結婚前，學習縫紉技術是不可或缺的事。

那麼，單身男人又該如何是好呢。手巧的人會自己動手縫紉，不會縫紉的人可拜託認識的女性幫忙。另外，只要願意付錢，也能找到幫忙清洗、拆解或縫補修改衣物的人。

順帶一提，對當時的庶民來說，買衣服只有一種選擇，那就是買二手衣。買得起新衣的是高級武士或富商，一般人想都不用想。二手衣的回收與重售，是二手衣店（古著屋）、批發業者與當鋪之間流通的一套系統化生意，在不浪費布料與衣物的情形下滿足民眾的對衣物的供需要求。

衣物換季

拿掉冬衣裡的棉花是一大工程！

隨著氣溫的上升，江戶庶民也得為衣物進行換季。當時衣服是貴重物品，必須謹慎對待。

戶板
拆洗衣物專用的板子，於明治之後普及。

布料

曬衣桿

為衣物換季是女性的工作

因為布料昂貴，很多人往往只有一套衣服。夏天為衣物換季時，就要把鋪在兩層布料間的棉花拿出來，清洗之後縫補破綻。江戶時代，家庭內都由女性負責這項工作。

修改衣物

單身男性會拜託女性幫忙清洗衣物或縫補、修改衣物。江戶時代，很多女人專門從事這種工作。

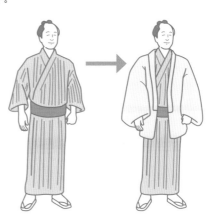

夏服

庶民衣物的布料，基本上都是木棉布。

冬服

冬天不是疊穿好幾件衣服，就是在兩層布料中夾入棉花，藉以抵禦寒冷。大部分的冬服都是用夏服重製而成。

端午節的鯉魚旗，
一根竹竿上只能掛一面旗

符合條件者 ▷	鄉民	農民	武士	皇家	其他		符合之時代 ▷	江戶前期	江戶中期	江戶後期

 隨風飄揚的錦鯉旗或鍾馗旗
為的是慶祝將軍嫡子誕生

端午節是五節句之一，也稱為「菖蒲節」。原本是相當於舊曆午之月的5月第一個午之日，後來演變為在5月5日慶祝這個節日。奈良、平安時代，端午節會拿有除魔作用的菖蒲或艾草插在屋簷上祈求身體健康，或是吊掛以菖蒲葉做成的彩球。漸漸地，隨著武士階級的興起，到了鎌倉時代，菖蒲因為與「尚武（崇尚武家）」同音，慶祝端午節也就成為武士家的例行之事。至於庶民之間，一般以洗菖蒲澡或喝菖蒲酒的方式慶祝。

江戶時代，端午節依然不改重要節慶的地位，被制定為幕府的「武日」。貴族大名或旗本武士會在這天獻上粽子，向將軍表達慶祝之意，再穿上武士正裝「帷子紋付」長袴，前往江戶城上朝。5月5日亦適逢夏服換季的日子，武士們穿來進城的單衣「帷子」就是夏季服飾。

江戶時代之後，端午節才開始帶有「男兒節」的意義。最早是為了慶祝將軍家誕生嫡子繼承人，會特地訂做幾幅旗幟，和另外製作的鎧甲及薙刀等物品一起擺設慶祝。這種武士習俗進入民間後，端午節在庶民之間也成為祈求家中男孩健康成長的男兒節。

5月5日這天，從戰國時代到江戶初期都會舉行驍勇的「流鏑馬」*。在武家社會，就連小孩也會拿起名為「菖蒲太刀」的木刀插在腰間，或玩一種叫「印地打」（互丟石頭）的遊戲。後來這種遊戲因為太危險遭到禁止，改用菖蒲葉編成的棒子敲打地面，比誰打出的聲音比較大，這種遊戲叫做「菖蒲打」。

現代端午節常見的鯉魚旗，從江戶時代開始出現。不過，像現在這樣在一根桿子上綁多幅鯉魚旗的作法，是明治時代之後才有的習慣。江戶時代一根桿子上只會掛一面鯉魚旗。

* 譯注：一種騎馬射箭的武士競技。

端午節

卯月

慶祝男兒成長的節日

端午節最早是舉行除魔儀式的節日。從貴族階層傳至武士階層後，再於江戶中期普及於庶民之間。

鯉魚旗

明治時代之後，才有一根桿子上掛多幅鯉魚旗的作法。江戶時代，一般只在桿子上掛一幅巨大的鯉魚旗，或是掛上畫有家徽的旗幟。

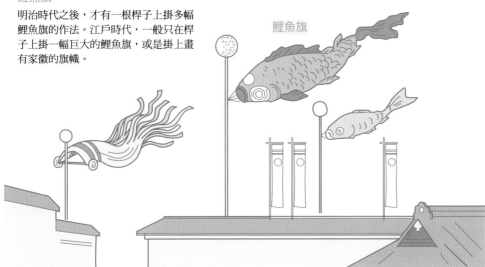

鯉魚旗

皐月

水無月

菖蒲澡

菖蒲

菖蒲散發強烈的香氣，人們相信菖蒲具有去除毒氣的作用，於是用菖蒲泡澡，或是加入酒中飲用，也會拿來插在屋簷上。

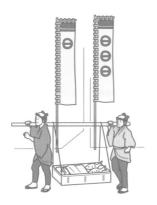

出世魚

端午節這天，除了吃有「出世魚」之稱的鰤魚，也習慣吃與「勝男」同音的鰹魚，祈求好兆頭。江戶的市街上都能看到攤販兜售。

裝飾人偶

江戶初期裝飾的是紙偶，到了江戶末期，開始有工匠競相製造精美豪華的人偶擺飾。

江戶時代的屋形船
跟一棟房子一樣大

符合 條件者	▷	鄉民	農民	武士	皇家	其他	符合之 時代	▷	江戶前期	江戶中期	江戶後期

 金碧輝煌的大型船、
屋根船與豬牙舟往來水上

慶長年間（1596～1615年）之後，伴隨著江戶市街的發展，行舟玩樂的習慣也漸漸普及起來。不同季節有不同的玩法，可在船上賞花、傍晚納涼或賞月、賞雪等等。

之後到了萬治2（1659）年，兩國橋搭起後，附近成為行舟遊樂的聖地，船宿及屋形船到今天還能看見。江戶時代的屋形船比現代甚至更加豪華，有些巨大的屋形船，一艘就跟一棟房子一樣大。尤其是萬治到寬文年間（1658～1673年）建造了許多巨大屋形船，人們盛行在船上舉行宴會，飲酒作樂。

搭上豪華屋形船的多半是旗本武士、富商與遊女。當時的隅田川及淺草川上，每天都有好幾艘屋形船往來行經。旁邊另有舞台船並行，上面有人跳舞及演奏樂器，可以坐在自己的船上一邊吃喝一邊欣賞。

當時的名稱叫「屋根船」，其實就相當於現在的屋形船。那時搭屋根船的費用，如果搭乘的是配有一名船夫的船，就收一人300文錢，如果是配有兩名船夫的船，則收一人400文錢。一般市民也能搭船享受河風吹拂的乘涼氣氛。

「船宿」指的不是住宿設施，而是船隻停靠的地方。船宿老闆擁有納涼船等船隻，供民眾租來舉行宴會或休憩納涼。文化年間（1804～1818年），江戶差不多有600間船宿，可見江戶人多愛搭船遊樂。

還有一種比屋根船小的「豬牙舟」，像是時代劇中常可見到的沒有屋頂的小型河舟，一如名稱「豬牙」所示，這種小舟形狀細長，有著尖尖的船頭。只能供1到2位船客搭乘，對許多想偷偷前往吉原或深川尋芳問柳的人來說，搭乘豬牙船是很方便的選擇。

開川

夏日納涼的一大活動！

每到夏天，隅田川會舉行納涼祭典「開川」，圍觀的群眾往往在兩岸築起人牆，河面與船上萬頭鑽頭，盛況驚人。

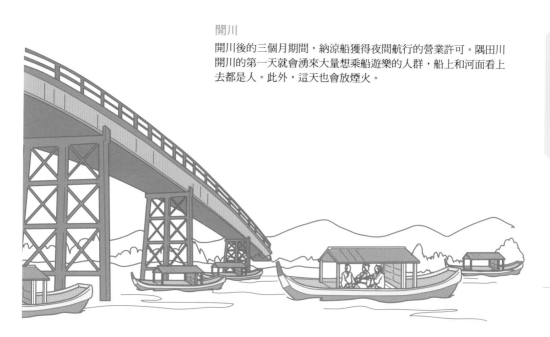

開川

開川後的三個月期間，納涼船獲得夜間航行的營業許可。隅田川開川的第一天就會湧來大量想乘船遊樂的人群，船上和河面看上去都是人。此外，這天也會放煙火。

屋形船

有錢人搭乘屋形船遊樂。其中也有船夫多達18人，設置9間包廂的超大型屋形船。

船夫

豬牙舟

當時的江戶水上交通發達，堪稱水都。豬牙舟移動方便，對庶民來說就像現代的計程車。

沒有高樓建築的江戶城鎮，遠方煙火一覽無遺

符合條件者 ▷	鄉民	農民	武士	皇家	其他	符合之時代 ▷	江戶前期	江戶中期	江戶後期

 ## 庶民站在橋上或從河岸欣賞煙火

　　隅田川煙火大會，是日本歷史最悠久的煙火大會，其根源可上溯到江戶時代。包括歌川廣重的〈名所江戶百景　兩國花火〉與歌川豐國的〈江戶自慢三十六興　兩國大花火〉在內，隅田川煙火大會成為許多浮世繪的題材，其中尤以廣重留下最多描繪煙火大會的作品。江戶時代，火災是人們最恐懼的災害，因此禁止在城內施放煙火。唯一被允許施放煙火的地方，就是隅田川河岸。

　　舊曆5月28日是大川（隅田川）的開川日，從這天起，到8月28日為止的三個月期間，是納涼船獲准夜間營業的期間。約自享保10（1725）年起，會在開川第一天施放盛大的煙火，據說這就是煙火大會的起源。

　　此外，由於享保17（1732）年發生了「享保大饑饉」，從隔年開始，德川家第八代將軍吉宗為了袪除饑饉與傳染病的災厄，也為了超度飢荒中

的死者，舉辦了名為「水神祭」的祭事，也在此時施放煙火。這是煙火大會由來的另一個說法。

　　即使是在長屋生活，與搭船玩樂無緣的一般庶民，也能在開川時站在岸邊或橋上享受欣賞煙火的樂趣。除了來看煙火的民眾之外，還有看準人潮來擺攤的許多小販，加上河岸茶屋，形成一片熱鬧盛況。其中，聽說兩國橋附近最是熱鬧。

　　開川之後，一年大概會舉行三次煙火大會。話雖如此，江戶時代並非年年舉行煙火大會。根據解說江戶風俗的《守貞漫稿》記載，「如未舉行大煙火之夜，得應遊客之需，支付金一分以上便予施放」。擁有納涼船的河岸船宿與兩國一帶的飲食店為了吸引顧客上門，也會因應需要自費施放煙火。

　　另外，某些經濟實力雄厚的平民還會競相購買煙火施放。

煙火大會

現代人也很熟悉的隅田川煙火大會

說到夏天，就讓人想起夜空中綻放的巨大煙火。放煙火可是江戶時代開川首日的一大活動。

玉屋

鍵屋

看煙火的平民

煙火

在沒有高樓大廈的江戶城鎮裡，朝隅田川方向一眼就能看見天上的煙火。此外，當時的煙火主要由「玉屋」和「鍵屋」兩大煙火商競爭，江戶庶民在煙火打上天空時，會大喊「玉屋～」或「鍵屋～」以表達支持。

那是我買的煙火喔

江戶商人

經濟實力雄厚的人們，宛如競爭般爭相向煙火師訂購煙火。也有人為了取悅一同出遊的藝妓而買煙火。

活動 FILE

討厭煙火的藝妓們

據說位於現代台東區的花街「柳橋」的眾藝妓們最討厭隅田川的煙火。因為煙火大會吸引了人們，害她們這天生意不好。

土用丑之日，只要是「う」開頭的食物，吃什麼都好

符合條件者 ▷	鄉民	農民	武士	皇家	其他

符合之時代 ▷	江戶前期	江戶中期	江戶後期

 ## 從「土用干」到「土用餅」夏天有許多「土用習俗」

土用是「雜節」（二十四節氣之外，日本曆法中表示季節的日子）之一。立春、立夏、立秋、立冬前的 18 天都稱為「土用」，泛指季節交替之際的混沌時期。一般來說，目前的「土用丑之日」，專指立秋前 18 天的那個「丑日」。

以 2021 年為例，7 月 28 日就相當於這年的「土用丑之日」。因為梅雨季剛過的關係，每年的這天都很炎熱。在這天晾曬衣物與棉被，使其通風預防蟲害，是為「土用干」。而過完年到這天也差不多過了大半年，該大掃除一番了，這又稱為「土用掃」。這些都是日常生活中根深蒂固的季節習俗。

延續到現在的「土用丑之日吃鰻魚」習俗，最常見的說法是來自江戶中期博物學者平賀源內的廣告策略。據說原本鰻魚是秋冬當令的食物，一到夏天就賣不好，成為鰻魚商人的煩惱。於是，鰻魚店找上源內老師商量，源內建議在店門口擺出「本日為土用丑之日」的招牌，宣傳這天應吃鰻魚。店家照著建議實施之後，果然生意興隆。這句話也被稱為「日本最早的廣告文案」，從此之後，鰻魚在夏天也賣得很好了——不過，這個傳說目前尚無確證。

大正時期的隨筆集《明和誌》中提到，安永、天明年間（1772～1789年），人們開始流行於暑中及寒中的土用丑日吃鰻魚。即使與平賀源內有關的傳說真假不明，可以肯定的是，從那時開始已經有「土用丑之日吃鰻魚」的廣告宣傳，也真的帶動了吃鰻魚的流行。

此外，丑之日原本就是標榜吃「う」開頭食物的日子 ＊，除了鰻魚（うなぎ）之外，人們也會吃烏龍麵（うどん）、梅乾（うめぼし）、瓜類（うり）與牛肉（うし）、馬肉（うま）等。另外還有一種叫「土用餅」的食物，類似包紅豆餡的麻糬，據說吃土用餅能消暑氣。

＊譯註：丑在日語的發音為うし。

土用丑之日

吃鰻魚熬過炎熱的夏天

現在日本人仍維持在土用丑之日吃鰻魚的習慣。雖然有說此一習俗源自平賀源內，但並無確切證據。

正在殺鰻魚的老闆

江戶的鰻魚店

說到「江戶前」*，幾乎指的就是鰻魚，可見江戶時代多常捕獲鰻魚。據說整個江戶有超過 200 家的鰻魚店。

平賀源內

土用丑之日吃鰻魚的習慣來自博物學者平賀源內的推廣，這是其中一種說法。只是沒有任何文獻證據，也可能是毫無根據的謠言。

晾曬防蟲

漫長的梅雨季結束後，迎來連日晴天的土用時期，這是晾曬衣物等物品防蟲的大好機會。除了衣物之外，人們也會曬書、曬餐具、或將家具搬到日照良好的地方曝曬。此舉稱為「土用干」。

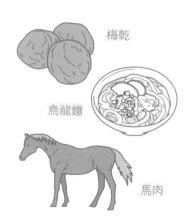

梅乾

烏龍麵

馬肉

「う」開頭的食物

江戶時代人們認為，在土用丑之日吃「う」開頭的食物可防止中暑。

* 譯註：江戶的前面，也就是現在的東京灣，衍伸為指來自這片海域捕獲的新鮮水產。

江戶庶民之間，爆炸性地掀起登富士山熱潮

符合條件者 ▷	鄉民	農民	武士	皇家	其他

符合之時代 ▷	江戶前期	江戶中期	江戶後期

 ## 人們競相登上高聳的富士山

富士靈峰於 2013 年成為世界文化遺產。從以前到現在，這座山就是日本人敬畏、信仰的對象。直到現在，東京都內許多地方還留有「富士見町」、「富士見坂」等地名，推測都是過去可眺望富士山的地帶。只要前往地勢較高的台地，就能看見富士山，對江戶人們而言，富士山是近在身邊的存在。

崇拜富士山的一群人組織了「富士講」，從事類似宗教活動的行為，展開集體登山參拜。這樣的活動始於 16 世紀，以修道者長谷川角行為始祖，並於江戶時代後期的享保年間（1716～1736 年）普及於一般大眾之間。

那段期間廣為流傳一種說法，只要登山參拜「靈峰富士」，無論男女，不分階級，人人都能獲得救贖。這種說法廣傳後，召集了許多信眾。提倡此一說法的伊藤伊兵衛在富士山中進行斷食，就這樣肉身得道成為「即身佛」。他的女兒與門人繼承其遺志，在各地組織「富士講」，一時之間，富士信仰引發爆炸性的風潮。

當時，一到舊曆 6 月 1 日，各地都能看到身穿白衣的富士講信眾一起入山的身影。因為這天被定為「開山日」，信眾會誦唸經文慶祝開始登山，作為祈求安全的儀式。除此之外，為了預防人潮眾多，也會選擇「緣日」＊開山。

雖然富士講的教義認為男女沒有差別，實際上民間仍強烈批判女性進入「靈山」富士山，女性的登山只被容許到四合五勺御座石淺間神社為止，不能繼續往上。話說回來，當時沒有登山鞋等專業登山設備，以女人的體力要登至山頂也不容易。

結果，名為「富士塚」的景點因此受到無法登上富士山的兒童與女人、老人歡迎。那是以富士山運來的熔岩堆積成的迷你富士山，全國各地都能看見。

＊譯註：日本文化中與神佛結緣的節日，例如神佛誕生、降臨或示現等節日。

富士講

江戶時代成立的民間信仰

富士講是受到江戶人支持而設立的宗教。據說因為宗教政策的緣故，江戶幕府對此並不樂見。

洞穴　　　　　　　　　　　　　　　　　　　　　登拜者

胎內環遊

富士山內的洞穴也是參拜場所之一，穿過洞穴以達到除穢作用，稱為「胎內環遊」。由於當時並沒有現代這般充實的登山設備，要登上山頂非常困難，只有對體力有自信的人才能抵達。

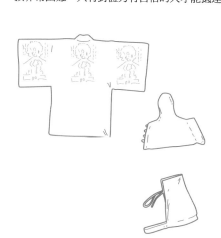

富士講行衣

富士講的講員們上富士山時，一定會從頭到腳穿上一身白衣白鞋。

富士塚

對體力沒有自信的人或女性喜歡前往富士塚。因為認為參拜富士塚能得到保佑，江戶到處都能看到富士塚。

71

有江戶幕府在背後撐腰！
江戶最大規模山王祭

符合 條件者	鄉民	農民	武士	皇家	其他	符合之 時代	江戶前期	江戶中期	江戶後期

 東都一大活動！
舞者、樂隊、連大象都登場

在町民文化遍地開花的江戶時代，道地江戶人最熱中舉行的活動就是祭典。舊曆 6 月 15 日是江戶人期待已久的山王祭，這是江戶時代奉將軍之命舉行的祭典，將神轎抬進城內，連將軍本人都會親自到場觀覽。山王祭也與神田祭並稱為「天下祭」。

山王祭原本稱為江戶山王大權現，是在供奉德川家守護神的日吉山王權現（今日枝神社）舉行的祭禮。另一方面，神田祭是在祭祀平將門的神田明神（神田神社）舉行的祭禮。兩者每年分別舉行，根據江戶風俗誌《東都歲時記》記載，山王祭上的山車數量多達 45 台，參加山王祭的町鎮則多達 160 町。神轎組成的「神輿行列」與山車組成的「山車行列」會在街道上大肆遊行，山王祭可說是江戶祭典中規模最大的祭典。

山王祭的高潮，當然是上述山車與神轎的遊行。不過另一方面，稱為「付祭」的扮裝遊行也很受民眾歡迎。在太鼓及三味線等樂器組成的樂隊伴奏下，名為「地走」的舞者或信眾邊走邊跳舞，熱鬧的歌舞攤車也在山車之間穿梭，為整條街帶來華麗熱鬧的氣氛。祭典遊行行列經過的道路兩側，還會設置名為「棧敷席」的座位，方便群眾圍坐觀賞。

前面提到的《東都歲時記》中，記載了麴町的遊行裡曾出現巨大的紙紮大象（類似現在的大型花燈）。紙紮大象的由來，原來是享保 13（1728）年時，越南（交趾國）獻給幕府的兩頭大象。當時，為了看一眼遊行中的紙紮大象，路旁家戶前擠滿了人，書中也鉅細靡遺描述了這樣的景象。

愛慕虛榮的江戶人往往動員整個城鎮的人力，出動神轎山車遊行，就為了在祭典中與臨鎮拚個高下。因此，祭典陣容一年比一年豪華。因為實在奢華得過頭了，天和年間（1681～1684 年）開始，限制山王祭與神田祭只能兩年舉行一次。

山王祭

熱鬧！奢華！江戶最大祭典

江戶時代有許多民俗活動，其中幕府認證，特別隆重盛大的山王祭，是連將軍都會親臨觀覽的祭典。

神轎

山王祭

日枝神社被視為江戶城的鎮守神社，山王祭因此受到盛大舉行。全盛時期的山王祭派出 3 輛神轎，45 台山車遊行，是吸引江戶城周邊最多遊客的熱鬧祭典。

付祭

除了神轎和山車等固定的遊行陣容，還會有出場內容不固定的付祭。像是紙紮人象或扮裝遊行隊伍等等獨特的演出項目。

鑽過巨輪，
災厄罪禍全部歸零

符合條件者 ▷	鄉民	農民	武士	皇家	其他	符合之時代 ▷	江戶前期	江戶中期	江戶後期

遵循正式禮法鑽過巨輪
夏天的招牌儀式

日復一日的生活中，身上累積了許多汙穢、災厄與自己犯下的過錯，為了除厄清淨所舉行的儀式就稱為「大祓」。神社每年會在 6 月與 12 月的最後一天舉行大祓儀式，只是 12 月的最後一天（除夕）總是特別忙碌，後來大祓就以 6 月 30 日的「夏越祓」為主。

原本大祓的儀式是自己入水清滌身心，後來演變為用剪成人形的紙片「形代」代替自己，放入大海或海川，達到除穢、清淨的作用。在代替自己的紙人「形代」寫上名字，藉此將自己身上的汙穢託付給「形代」。整體儀式與上巳節的「流雛」儀式作法類似。

另一項現代人比較不熟悉的儀式，則是用稻科植物茅草綁成能供人從中鑽過的大環（茅輪），按照正式禮法，以固定步驟鑽過大環。作法是先將左腳放入環內，整個人鑽過大環後從左邊繞回大環正面，再換右腳伸進環內，全身鑽過大環後從右邊繞回大環正面，最後再從左腳來一次。如描繪 8 字般穿進穿出大環三次。這套儀式也是大祓的內容之一，起源記載於奈良初期的《備後國風土記》中。起初只是將一個小茅環別在腰間，據說這樣就能免除災厄。後來茅環演變得愈來愈大，到江戶時代已成巨輪尺寸，鑽過巨輪的儀式也流傳至今。

現代全日本各地神社仍會舉行「夏越祓」的儀式。例如位於台東區的小野照崎神社，其開山神事就與夏越祓同時舉行，那裡也有第 70 頁介紹過的富士塚，吸引許多人造訪參拜。此外，京都府的上賀茂神社每年 6 月都會舉行「夏越之大祓式」，將民眾奉納的人偶放入河川。和歌《百人一首》中就詠唱了這樣的情景。

夏越祓

一次祛除半年份汙穢的夏季儀式

夏越祓的儀式雖然沒有除夕或正月那麼隆重，對江戶人而言也是半年一次的重要節日儀式。

夏越祓

為了除穢，必須入水清滌身心。據說這種作法源於《古事記》中伊邪那岐命以河水沐浴的描述。為此，每年這個時期都有很多人聚集在隅田川或荒川等河邊。

荒川

茅環

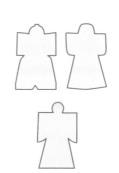

形代

形代

鑽過茅環

在神職者的帶領下，以描繪「8」字的方式鑽過茅環的儀式，也是夏越大祓的內容之一。現在還有不少神社維持這種儀式。

形代

夏越祓原本有入水除穢的習慣，後來演變為將自身汙穢託付給紙人偶「形代」，代替自己放入水中流走的儀式。

形代流

將剪成人形的紙人偶放入河川流走的儀式就稱為形代流。在有許多河川的江戶，到處都能舉行此一儀式。

江戶時代活

與現代
比較！

江戶時代從立夏這天開始進入夏季。對照新曆，就是黃金週假期的

江戶	主要活動
曆法上已是夏天 為吃「初物」而瘋狂 **卯月** 夏天 舊曆 4 月	**灌佛會** 釋迦誕生於舊曆 4 月 8 日，這天，寬永寺、淺草寺等寺廟會舉行灌佛會，在釋迦誕生佛像上灌注甜酒釀作為慶祝。 **初鰹** 此一時期，初鰹被視為有好兆頭的初物，價格高漲，人們也為之瘋狂。街頭到處都能看到販售活跳鰹魚的攤商。
兩國煙火 在夏夜綻放 **皐月** 夏天 舊曆 5 月	**端午節** 5 月 5 日這天從江戶時代開始演變為祈求男兒健康成長的男兒節，原本是武士家的風俗，後來流傳至民間。 **大川（隅田川）開川** 舊曆 5 月 28 日「開川」時，兩國總會舉辦煙火大會。由鍵屋與玉屋兩家煙火商競相施放煙火。
盛夏之中仍不失 對山林與祭典的意欲 **水無月** 夏天 舊曆 6 月	**開山** 富士山是許多江戶人的信仰對象，開山日時眾人紛紛登上富士靈峰。江戶市區也盛行富士塚。 **山王祭** 日枝神社的神幸祭，是將軍也會親臨觀覽的天下祭之一。從天和年間起，與神田祭輪流舉行，兩年一次。

舊曆

動行事曆

夏季篇

5 月上旬。

現代	比較・考據

新曆

賞櫻的規模不遜江戶時代

4 月

春天
4 月 1 日～4 月 30 日

4 月是賞花的季節。不過，近年受到地球暖化影響，花期提早，有時櫻花也凋謝得快。始於江戶時代的賞花風俗，現在已經擴大到亞洲其他國家與歐美各國。

假期好多黃金週

5 月

春天
5 月 1 日～5 月 30 日

說到 5 月，最先浮現腦海的就是黃金週假期。昭和 23（1948）年施行「祝日法」後，許多假日集中在這個月份。對現代人來說是開心的季節。

衣物換季的方式與現代不同

6 月

夏天
6 月 1 日～6 月 30 日

在相當於入梅時期的現代，梅雨停歇時就得把冬衣換成夏服，替衣櫥換季。在江戶時代，則是用拆卸和服裡襯，將厚重衣物改為單薄衣物的方式來換季。

77

甜酒釀是預防夏季倦怠的
營養飲品

用甜酒釀、乳湯和涼粉戰勝暑氣，避免中暑

近年，就連超過攝氏 40 度的異常氣候也不再罕見，江戶時代夏天的平均氣溫大概比現在低 2 ～ 3 度。話雖如此，古代沒有冷氣，只能用扇子搧風換取一點涼爽，江戶濕度又很高，人們還是經常中暑。

素有「喝的點滴」之稱的甜酒釀，對現代人來說或許是冬日裡的絕佳熱飲，對江戶人來說，可是預防夏季倦怠的營養飲料。

同樣「熱熱喝」的飲料還有「乳湯」，這種用鐵鍋加熱，摻砂糖喝的飲料很受歡迎。路邊雖然也能看到小販賣西瓜或桃子等當令水果，最能代表夏天的點心還是莫過於涼粉。用筷子吃涼粉容易挾斷，江戶人吃涼粉時只用一根筷子撈來吃。滑溜溜的口感入喉爽快，也有人喜歡搭配醋醬油。

第三章

秋 天 的 活 動

舊曆 ▷ 7 月～ 9 月

新曆 ▷ 9 月～ 11 月

和現代相比有一個月落差的舊曆 7 月至 9 月，也比現代人早一步迎來秋天的氣息。白天雖然還很熱，早晚已有寒意的這個時期，江戶人又是怎麼度過的呢？本章將詳細介紹七夕、盂蘭盆節與賞菊等節慶活動，一窺當時庶民的日常生活。

竹林裡的江戶城鎮！
向星星許願，祈求技藝精進

符合條件者 ▷	鄉民	農民	武士	皇家	其他

符合之時代 ▷	江戶前期	江戶中期	江戶後期

 ## 也是祈求裁縫或才藝精進的日子

舊曆7月7日又稱七夕，是江戶幕府制定的「五節句」之一。七夕是牛郎與織女一年一度相會的日子，這原本從中國流傳而來的傳說，融合了日本自古以來就有的「織姬信仰」，七夕這個節日也就此固定下來。

在中國，七夕原本就有「乞巧奠」，這是盛行於宮廷之中，向星星祈求裁縫女紅才藝精進的習俗。七夕傳到日本後，日本人模仿這個習俗，七夕這天也成為祈求裁縫、手工藝，甚至書法等才藝精進的日子。這一天，女眷們會提一桶水，享受星空映在水面的觀星樂趣，還會在祭神的供品前彈奏古琴或三味線，祈求演奏樂器的才藝進步。

日本的七夕，就是這樣融合了中國文化與日本文化的獨特結果。

說到舊曆7月7日，對照新曆已是8月下旬，進入夏末但仍相當炎熱的時節，對江戶時代的庶民來說，卻已經要著手進行秋日節慶了。把寫了和歌或心願的紙條「短冊」掛到竹枝上，大人小孩一起享受剪紙做手工的樂趣。這種習慣廣泛深入庶民之間，7月6日那天，江戶城中已有數不清的五色短冊掛在竹枝上，整個城鎮儼然化為一座竹林。

此外，這天還有另一項重要的年度活動，那就是名為「井戶替」的習俗。這天，人們會將井裡的水全部汲取出來，為水井來個一年一度的大掃除。長屋的居民通常會聚在一起，合作汲取井水，再請水井工匠把井底的垃圾汙泥打掃乾淨，完成水井清潔工作後，在井邊供上給井神的御神酒，進行除穢儀式。

「七夕這天在水井旁的紡織機小屋進行除穢儀式」原本是日本的風俗習慣，融合了中國傳來的織女傳說後，七夕開始帶有「與水相關的除魔性質」，也才衍生出打掃水井的年度活動。

七夕風景

五彩繽紛的江戶街市

七夕這天，家家戶戶都會擺出粗壯的長條竹枝，掛上五彩繽紛的裝飾，整個城鎮看上去儼然化為一座竹林。

葫蘆

祈求無病息災的裝飾之一。後來雖然掛葫蘆的習慣不再，江戶時代人們還是會掛上剪成葫蘆形狀的短冊（紙片）。

網飾

模仿漁網形狀的裝飾，有祈求漁獲大豐收的意思。

吹流

用來表現織女手中絲線的裝飾。據說也有除魔的意義。

短冊

配合古代中國五行之說（以水火土金木說明萬象的理論），使用藍（或綠）、紅、黃、白、黑（後來改成紫）等五個顏色的紙張做成短冊。起初這個習俗與織女傳說密切相關，祈求的也是裁縫女紅等手藝精進，後來漸漸演變為祈求各種才藝的精進。

町人鄉民

由女眷們在神前獻上供品，演奏古琴或三味線，祈求演奏技巧進步。

7月10日是相當於
4萬6千天份幸運的參拜日

符合條件者 ▷	鄉民	農民	武士	皇家	其他	符合之時代 ▷	江戶前期	江戶中期	江戶後期

 紅色的玉米
是避雷護身符

　　每年7月9日與10日在淺草寺舉行的「酸漿花市集」，至今仍吸引不少攤商擺攤，對許多人來說，這天也是觀音菩薩的緣日。7月10日是淺草寺的「功德日」，據說若於這天來參拜，將能獲得相當於平常日子4萬6千天份的功德，是特別幸運的一天。

　　因此，儘管現在酸漿花市集的知名度更高，對江戶時代的庶民來說，人人可都是為了一次累積大量功德，才於「四萬六千日」這天湧入淺草寺參拜。

　　四萬六千日這數字的由來，是來自「46000＝約126年」，126年幾乎是人類一生壽命的極限，因而有著「相當於一輩子功德」的意義。此外，1升白米大約有4萬6千顆，「一升」與「一生」發音相近，這也是4萬6千這個數字的由來之一。

　　根據《東都歲時記》記載，淺草寺內一隅販售的紅色玉米護身符有避雷的功效。由來是農家將這種紅色玉米掛在家裡的天花板上，因而趨避了落雷造成的災害。現在紅玉米只限定於四萬六千日的緣日這天販售，只有這天才能在淺草寺買到這特殊的避雷護身符。

　　事實上，除了淺草寺之外，芝的魚籃觀音、駒込光源寺的大觀音、本所的回向院以及青山的梅窗院等，都將7月10日定為四萬六千日，前往參拜即可一舉獲得四萬六千日份的功德，也能買到紅色玉米。即使如此，淺草寺還是受到民眾壓倒性的支持，這是因為淺草一帶是江戶數一數二的娛樂區，前來參拜之後，還可以順便去「奧山」的茶店喝茶，或去見世物小屋看看表演。

　　明曆大火（1657年）過後，吉原（政府公認的遊郭）搬遷至淺草寺後門附近。天保改革之際，戲劇盛行的猿若町也遷移至此，增加了民眾參拜之後的娛樂選項。

熱鬧的淺草寺

許多人為了祈求功德與尋求娛樂而前往參拜

江戶知名景點淺草寺平時就是人多熱鬧的地區，四萬六千日這天更是熱鬧非凡。

淺草寺

以參拜與出遊為目的，淺草寺成為江戶時代許多民眾造訪的觀光勝地。四萬六千日這天，淺草寺周邊設置許多攤販，販售作為護身符、吉祥物的紅色玉米及酸漿花果。

參拜者

抱著「參拜順便觀光」想法的人很多，即使附近還有不少寺廟舉行四萬六千日，大家還是會來淺草寺。

四萬六千日最受歡迎的東西

紅色玉米

帶來好兆頭的避雷護身符。由來是農家將紅色玉米掛在天花板，避開了落雷造成的災害。

酸漿花（鬼燈）

最早開始販售酸漿花果的是位於芝的愛宕神社。由來為民間信仰中的「整顆吞下就能去除疾病」。

祭祀祖先的盂蘭盆節
就是今日中元節的起源

符合條件者 ▷	鄉民	農民	武士	皇家	其他		符合之時代 ▷	江戶前期	江戶中期	江戶後期

 ## 為了讓祖先不迷失方向
以燈火指引道路

日本人常說的「御盆」，正式名稱為「盂蘭盆會」，指的是迎回祖先靈魂供養的一段期間。

盂蘭盆會這個詞彙的由來有多種說法。其中一個說法，認為此語來自印度梵語中的「उल्लम्बन／ullambana」（有倒吊或受倒吊之苦的意思），衍伸出「解救痛苦死者」的意思。另外一個說法是來自古代伊朗語中代表靈魂的「urvan」。

日本的盂蘭盆會從舊曆 7 月 13 日起，到 7 月 16 日止。12 與 13 日會舉行「草市」，可在此買齊節日需要的物品。深川（江東區）及小石川傳通院（文京區）門前等地都會舉辦「草市」。人們在這裡購買「迎火」或「送火」時會使用的剝皮麻莖「苧殼」，以及竹子、草蓆等，用來製作迎祖先用的「盆棚」。直到現在，月島（中央區）仍能看見露天攤販的熱鬧草市。

盆棚的作法是先鋪草蓆，再以竹子環繞四周，並於竹子上端綁上一圈繩子。草蓆中央放置牌位，旁邊放佛具、盆花，以及用小黃瓜和茄子做成的牛馬等供品。不同地區的盆棚作法有些許不同，不變的是人們供養祖先靈魂的心情。

13 日進行「迎火」。一到傍晚，為了不讓祖先回家時迷失方向，就要燃燒「苧殼」作為指引方向的燈火。14 或 15 日請和尚誦經，最後一天的 16 日則焚燒「送火」，將祖先平安送回另一個世界。

盂蘭盆會也是慶祝中元的季節。根據中國的「三元說」，1 月 15 日為上元，7 月 15 日為中元，10 月 15 日為下元。這三天都是以供品祭神的節日，傳到日本之後，中元節與盂蘭盆會融為一體，演變出饋贈親朋好友中元禮品的習俗。這就是中元贈禮的起源。

盂蘭盆會時的人們

現代人繼承了敬祖的心

與持續到現代的掃墓習俗一樣，如今逐漸荒廢的「迎火」等也是敬祖的重要儀式。

苧殼

迎火

「入盆」的 7 月 13 日（現代的 8 月 13 日）在玄關焚燒「苧殼」（剝了皮的麻莖），迎接祖先靈魂歸來。

盆棚

四個角落豎立帶葉竹枝，綁上菰繩（用稻科植物「菰」編成的繩子）圍繞。中間安置祖先牌位等，也會放上蔬果等供品。

掃墓

根據檀家制度（庶民隸屬特定寺院的制度），一般來說，民眾會在寺院內設立自家墓碑，每逢節日前往祭拜掃墓。

活動 FILE

御盆時期，街頭小販大活躍！

設置「迎火」需要的苧殼、製作精靈棚（盆棚）需要的竹枝等等，這個時節需要購買的用品不少。這時就是街頭小販大顯身手的時候了。他們進入 7 月後就會開始沿街叫賣，方便人們購齊盆節所需物品。

江戶時代的月見糰子
跟網球一樣大

符合條件者	▷	鄉民	農民	武士	皇家	其他		符合之時代	▷	江戶前期	江戶中期	江戶後期

 ## 二十六夜的月亮
比十五夜的更有價值？

月球是地球的衛星，也是對地球人來說最親近的天體，美麗的樣貌自古以來深受人類喜愛。其中，舊曆8月15的中秋節（十五夜）更是盛行賞月，至今已成全國性的例行習慣。

江戶時代，人們賞月時會準備糯米糰子、栗子、里芋（小芋頭）和柿子等供品，除此之外也會供上有「秋之七草」之稱的芒草和胡枝子。其中，在稻米成為主食前，里芋原本是日本人的主食之一，被視為特別重要的供品。十五夜別名「芋名月」的由來也就在此。

江戶人賞月吃的是圓形的糯米糰子，京都大坂的糰子卻是狀似里芋的長條橢圓形。根據《守貞漫稿》的記述，江戶人將糰子放在「三方」（放置供品的台座）上時堆成山形。相較之下，京都大坂人則將糰子堆成如小芋頭般上頭尖尖的形狀。京都大坂人也不會以芒草或花當供品，不同地區呈現不同文化，相當有趣。

話雖如此，關於賞月時吃的「月見糰子」大小，其實沒有一定規範，每個地方都不一樣，甚至有大得像網球的。習慣上，十五夜會供上15個糰子當供品，如果是網球大的糰子，光製作都得費上一番工夫。有趣的是，人們對孩童偷吃供品糰子的行為往往睜一隻眼閉一隻眼，採取默許的態度。因為大家一起分享給神明的供品，與神道中「直會」儀式的意義相通。

現代人的話題多半集中在8月15的「十五夜」，其實，江戶時代人們也很喜歡舊曆7月26日的月亮，每到這一天，最適合賞月的高輪（港區）就會擠滿賞月人潮。26日的月亮稱為「有明月」，月亮在快天亮時才升至天頂，許多人因此熬夜等待月出，這叫「二十六夜待」。這些等待月出的人會去料理茶屋租下包廂，或是租屋形船或小船到品川高輪的海上，選擇自己喜歡的地點享受賞月樂趣。

賞月風景

庶民吃糰子、插芒草，享受賞月之樂

8月15中秋節，在中國是祭拜月亮的日子。在日本江戶時代，於這天賞月的風氣普及庶民之間。

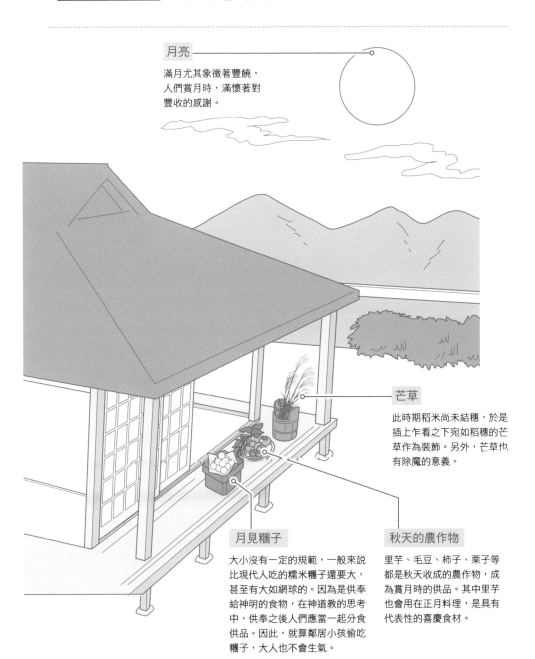

月亮

滿月尤其象徵著豐饒，人們賞月時，滿懷著對豐收的感謝。

芒草

此時期稻米尚未結穗，於是插上乍看之下宛如稻穗的芒草作為裝飾。另外，芒草也有除魔的意義。

月見糰子

大小沒有一定的規範，一般來說比現代人吃的糯米糰子還要大，甚至有大如網球的。因為是供奉給神明的食物，在神道教的思考中，供奉之後人們應當一起分食供品。因此，就算鄰居小孩偷吃糰子，大人也不會生氣。

秋天的農作物

里芋、毛豆、柿子、栗子等都是秋天收成的農作物，成為賞月時的供品。其中里芋也會用在正月料理，是具有代表性的喜慶食材。

活在欲望與金錢漩渦中的吉原美女

符合條件者 ▷	鄉民	農民	武士	皇家	**其他**	符合之時代 ▷	**江戶前期**	**江戶中期**	**江戶後期**

對庶民而言是高嶺之花
只有富人才能前往吉原尋芳

　　吉原是知名遊郭（花街），創設於元和4（1618）年，原本位於現在的人形町一帶。明曆大火後搬遷到淺草寺北邊，一直持續經營到昭和33（1958）年。雖為遊郭，和現代的風月場所不同，遊女除了賣色，也會與恩客培養感情，是發展出「模擬戀愛」的地方。當時江戶男女比例差異很大，許多娶不到妻子的男人為了尋求色香慰藉造訪遊郭。話雖如此，對庶民來說，踏入吉原的門檻實在太高了……

　　「花魁」指的是「太夫」（遊女中的最高階級）等級的遊女。恩客第一次指名花魁稱為「初會」，也就是兩人的初次見面，這時只能在酒席上說話。第二次指名叫做「翻面」（意指指名過一次客人再度指名），慢慢拉近兩人之間的距離，到第三次指名，才稱得上是熟客。客人若看上了哪位花魁，還得用心討好整間店的人，這麼一來花費不貲，沒有一定經濟水準的人自然無法前往吉原消費。

　　吉原遊女多達3000人，花魁只占其中一小部分。花魁身邊經常帶著兩三個「新造」（見習遊女）和幾名「禿」（住在遊郭的女童）。新造指的是年紀還未能接客的遊女，禿則更小，大約6～13歲左右，兩者都負責侍奉花魁的日常起居。即使是新造，只要客人提出要求並獲得花魁允許，還是可以接客。新造之中不能接客的稱為「番頭新造」，負責指導其他新造侍奉花魁。吉原是個嚴苛的世界，想成為獨當一面的花魁，必須徹底磨練個人魅力與外貌。

　　另一方面，去不了吉原的庶民就去地位不及吉原的「格子」、「散茶」、「小見世」或「局」等廉價遊郭尋歡取樂。無論去哪裡，在女人比男人少的江戶，男人為了解決本能的衝動，都得從遊女身上尋求慰藉。

「花魁道中」的情形

遊女們華麗盛大的伸展台

以最高階級的遊女「太夫」為中心，打扮華美的女人漫遊大街的「花魁道中」，吸引了路旁人們的視線。

遣手

負責指導兼監督遊女的中年女人。多半是已經上了年紀，無法再接客又無處可去的前輩遊女。

若眾

在遊郭工作的男人。通常擔任警衛或在入口處監視的工作，也跑腿或幫忙撐傘等，工作內容範圍廣泛。

太夫

階級最高的遊女稱號。除了美貌之外，還兼備各種才藝與音樂、茶道、文學方面的高級教養。

禿

不到新造的年紀，約從 6 ～ 13 歲不等的女童。多半是從小就被賣到遊郭的小女孩，成長到 14 歲後，就成為見習遊女「新造」。

新造

地位如同太夫的妹妹，多為 14 ～ 16 歲，是年紀太小還未能接客的見習遊女。平時一邊侍奉太夫的生活起居，一邊學習遊女的禮數規矩。

與高級遊女玩樂的制度	分成好幾階段，是非常麻煩的制度
	想和高級遊女玩樂，有一套非常麻煩又花錢的制度，為了突顯遊女的身價，遵守制度是很重要的事。

江戶時代初期　明曆 3（1657）年的明曆大火一把燒掉吉原，原本在日本橋葺屋町的遊郭因此搬遷到淺草，成為新吉原後開始了這套制度。

①介紹茶屋的客人到揚屋
茶屋是以「介紹客人到遊郭」為業的地方。客人得先造訪茶屋，獲得介紹之後才前往揚屋（和遊女玩樂的地方）。

②客人指名遊女
到了揚屋的客人可以指名喜歡的遊女。

置屋　　揚屋

③把遊女從置屋叫到揚屋
客人指名遊女後，揚屋老闆必須先向那名遊女所在的置屋（養遊女的店）老闆提出客人的保證書，才能將遊女叫到揚屋來。

④遊女以花魁道中方式前往揚屋
置屋老闆答應後，遊女動身前往揚屋。途中由大批人馬簇擁，進行華麗的「花魁道中」。費用全由客人支付。

一般遊郭的制度

隔著格子柵欄挑選遊女的制度

普通遊女不會去揚屋，而是待在名為「顏見世」的格子柵欄裡。客人從柵欄外挑選喜歡的遊女指名。

江戶時代初期　客人隔著格子柵欄，挑選「見世」（遊女坐在裡面，對柵欄外路人拉客的房間）裡的遊女。

格子柵欄的種類　遊女與客人之間的柵欄，愈一流的店格子間隔愈小，格子愈大的店則愈廉價。

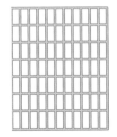

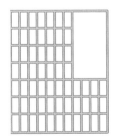

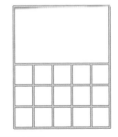

大見世總籬
一流大店的格子柵欄。因為間隔小，不容易看清裡面的遊女，反而挑起客人的好奇心。

中見世中籬
規模及遊女品質都比一流大店低一階。柵欄的某些部份甚至不設格子，可以直接看到裡面。

小見世格子
品質低，價格便宜的店使用這種格子柵欄。上半部完全沒有間隔，底下的格子間隔也很大，輕易就能看見裡面的狀況。

花魁的裝扮

雍容華貴的美豔花魁風格

花魁是吉原最高級的遊女，她們的打扮也極盡豪華能事，美豔無方，抓住每個圍觀路人的心。

花魁 | 花魁的時尚廣受年輕女性矚目，她們在當時的地位宛如現代「時尚領導者」。

髮簪

金、銀、鱉甲、象牙……頭上插滿用各種高級材料製作的豪華髮簪。全盛時期的花魁前後髮髻上共會插上8支豪華髮簪。

髮笄

原本的作用是固定頭髮，以免梳好的髮髻鬆開。到了江戶時代後期，成為髮飾的一種。

仕掛

在吉原，將「打掛」（穿在小袖和服上的外套）稱為「仕掛」。有長得拖在地上的下擺，還會將下擺向外反折縫起，裡面塞入厚棉。

腰帶

在胸前打結下垂的腰帶繫法稱為「俎板帶」（俎板即為砧板），是花魁做正式打扮時的腰帶繫法。按規定，進行「花魁道中」時一定要繫這種腰帶。

下駄

塗成黑色的三片鞋跟高腳木屐。進行「花魁道中」時，穿上這個在大馬路上漫步的花魁特別引人注目。

髮型與變遷

遊女的外表隨身分、年齡而變化

以下介紹各式各樣遊女的髮型，以及隨年齡、職務改變的裝扮。

髮型

兵庫髷
從吉原設立前就存在，是江戶一間名為「兵庫屋」的遊女梳的髮型。

勝山髷
勝山是 17 世紀吉原大受歡迎的一個遊女，由她帶動的這種圓形髮髻，在一般女人之間也大為流行。

島田髷
從男人髮型「若眾髷」發展而成的遊女髮型。從基本的島田髷衍生出「扁島田」、「高島田」和「文金高島田」等各種花樣。

裝扮的變遷

禿
梳妹妹頭或島田髷，插花形髮簪。

振袖新造
髮型是島田髷，插上髮插或髮笄當裝飾。衣服是振袖和服，腰帶繫在前面。這時還不能穿打掛。

留袖新造
接不到客人，無法獨當一面的新造就穿上留袖和服，一邊侍奉太夫一邊招攬客人。

獨當一面的遊女
在振袖和服上面穿打掛，有和自己親密的恩客。

93

在放眼盡是菊花的重陽節祈願不老長壽

秋天的活動 其六

符合條件者	鄉民	農民	武士	皇家	其他

符合之時代	江戶前期	江戶中期	江戶後期

 在「九九」重陽節這天飲菊花酒祈求健康長壽

重陽節為陰曆 9 月 9 日，「9」是陽數，也就是奇數中最大的數字，因此由兩個 9 重疊的 9 月 9 日，就被視為吉利的好日子。

重陽節起源於中國漢代，有在這天喝菊花酒祈求長壽的風俗習慣。這個習俗於平安時代傳進日本，除了喝菊花酒，貴族之間還流行用棉花覆蓋在菊花花苞上，再用沾染了菊花夜露的棉花擦拭身體的風雅作法，稱為「菊之被棉」。連才女紫式部都曾詠過「用袖子沾取一點讓我重返年輕的菊露，剩下的就請贈花給我的貴人擦拭身體，延續千年壽命」的詩歌。意思是「據說用沾染菊露的棉花擦拭身體能延年益壽，我只要稍微沾沾袖子就好，還是將千年的壽命獻給貴人吧」，由此可知，沾染了菊露的棉花是多麼珍貴的東西。

到了江戶時代，武士社會也開始舉行慶祝「重陽節句」的儀式。每到這天，江戶城中的將軍就會穿上單薄的藍色小袖和服與長袴，在大名諸侯重鎮之前執行「重陽節會（使用菊花祈求不老長壽）」的儀式。在大宴會廳裡，欣賞大名諸侯們獻上的菊花，喝有菊花花瓣漂浮的酒，祈求長壽健康。

此外，一般武士家中也會用名為「長柄」的杓狀容器裝酒，在上面放上成堆的菊花。流傳後世的許多繪畫中都可看到這幅情景，令人從中感受武士的豪邁。菊花是鎌倉時代後鳥羽上皇最喜歡的花，因此成為皇室的家徽「菊紋」，一直繼承到現代。

重陽節也與衣物換季的時期重疊。雖說是衣物換季，江戶時代庶民沒有多餘的錢將夏服換成冬衣，只能修改原本穿的衣物，在表層與裡襯之間塞入夾棉，或是用兩層布料縫合為較厚的衣服。對江戶人來說，重陽節也是宣告秋天即將到來的日子。

重陽節做的事

忙著為衣物換季與拜訪師長的秋天

重陽節位於季節交替之際，為衣物換季或是拜訪師長，都是
江戶庶民這個時節的例行活動。

衣物換季

單衣
一般庶民從春天到夏天穿的是用一片布料
做成的和服「單衣」。

為單衣加工
到了只穿單衣會冷的時候就縫上裡襯，或
是在兩層布料之間夾棉，改造成暖和的衣
物。

探訪傳授才藝的師父

徒弟
按照江戶時代的習俗，徒弟
要在這天向師父傳達祝賀的
話語，表演平時學習的才藝

師父
女性從 5～6 歲到
15～16 歲都要進入
師門，拜師學藝。

95

秋菊春櫻──
江戶人最愛的季節之花

符合 條件者 ▷	鄉民	農民	武士	皇家	其他	符合之 時代 ▷	江戶前期	江戶中期	江戶後期

 賞春櫻與秋菊對江戶人來說是不可或缺的年間活動

除了春天賞花，江戶時代的人們秋天也會外出賞菊。

菊花在中國被視為帶來不老長壽的花。在日本，自從幕府制定「重陽節會」，慶祝重陽節成為官方例行公事後，江戶各地就開始栽培菊花，尤以本鄉（文京區）最為盛產，漸漸地，白山、千時、巢鴨（豐島區）也開始栽培菊花。其中，從巢鴨到染井、駒込一帶更成為花卉與植栽的重要生產地，除了生產還進行展示販售，吸引許多人造訪。

巢鴨的菊花最早是種植在花盆裡，主要用來建造花壇，文化年間（1804～1818年），麻布狸穴這個地方開始用菊花排列成鶴或帆船的造型，稱為「形造」，這種做法廣傳到各個地方，引來大批賞花客爭相觀賞。不少觀光客為了賞菊遠道來到江戶，於是江戶的菊花業者便為這些人製作菊花排名表，以及用來指引道路的雙六。只要參考這些「觀光導覽」，觀光客就知道到哪裡能看到哪些菊花了。

然而，栽培菊花，製作「形造」的植栽店不能向觀光客收門票錢，再加上「形造」製作起來耗時費工，很多人因此放棄不做，使得賞菊風氣低迷了一段時間。賞菊風潮再起是幕末天保、弘化年間（1830～1848年）的事，「形造」在文京區的千駄木、根津、團子坂等地方重獲新生。這時最常見的，是做成富士山或帆船、鶴等造型的「形造」，後來開始流行以歌舞伎知名場景或歌舞伎演員為主題的「形造」，大大受到民眾喜愛，稱之為「菊人形」。在團子坂展示的菊人形，從明治9（1876）年開始收取「木戶錢」（類似門票費用），成為收費展覽的活動。此後，全國各地都出現專門舉辦「菊人形展」的活動公司。直到現在，每年一到秋天，全日本各地古城或公園仍時興舉辦「菊人形展」，依然吸引眾多人潮。

各式各樣的菊花

整齊美觀，外表華麗的菊花受人喜愛

江戶時代人們喜歡在秋季來臨時欣賞各種不同的菊花。現代仍會在秋天舉行菊花展等活動。

文月

葉月

長月

形造

用菊花拼成鶴或帆船等立體造型。自文化年間（1894～1818 年）後半起廣為流傳，甚至出現菊花排名表，吸引來自奧州等地方的觀光客。

菊人形

用菊花做成各種東西。有大象、駱駝，甚至重現歌舞伎知名場景。後來發展為用木頭製作頭部與手腳，再用菊花做成衣服的菊人形，這也成為現在菊人形的固定形式。

變種菊

在同一株上開出幾百種不同花朵的品種。這並非自然生長的菊花，而是用來引人矚目的變種植栽。

長達 11 天的
芝神明宮「拖拉祭」

符合 條件者 ▷	鄉民	農民	武士	皇家	其他	符合之 時代 ▷	江戶前期	江戶中期	江戶後期

 ### 因「め組之爭」一舉成名
成為歌舞伎戲碼的祭典

鎮座於港區芝大門的芝大神宮，自古以來陸續有飯倉神明宮、芝神明宮及日比谷神明宮之稱，鎌倉時代源賴朝致贈社地，江戶時代受到幕府強力保護，成為江戶庶民心目中的產土神（土地的守護神），篤受信仰。此外，這裡也被稱為「關東伊勢」，是深受人民崇敬，歷史悠久的神社。

寬弘 2（1005）年創立之際，人們以新穀、生薑、甜酒釀，以及用薄衫木板做成小判錢幣形狀的千木箱做為供品，以此為由來，現在每年 9 月 11 日到 21 日舉行的祭禮上，神社內都有販售生薑的市集林立，也同時販售甜酒釀與千木箱。

千木箱中裝的是紅豆飯、糖果和五色豆。「千木」與「千着」同音，在衣櫃裡放千木箱象徵擁有很多衣物，人們也相信把千木箱放在神龕上有除魔的功效。

原本祭禮只有一天，後來江戶時代流行伊勢參拜，無法前往伊勢神宮參拜的庶民紛紛湧入有「關東伊勢」之稱的芝明神宮，祭禮因此拖拖拉拉地延長為 11 天，這就是「拖拉祭」的由來。

經常有人在這個祭典中起爭執，其中最知名，是發生於文化 2（1805）年 2 月的「め組之爭」。當時在祭典上負責搭建小屋的，通常是城鎮上的消防隊（町火消），芝明神宮也由名為「め組」的消防隊擔任這個工作。然而，消防隊上一個叫辰五郎的人去看勸進相撲時沒有付木戶錢，和力士們起了爭執，演變為瓦片齊飛的大規模群架，負傷者多達幾十人，成為傳說中的群架事件。

後來，歌舞伎將這起事件改編為戲碼《神明惠和合取組》，這個故事也因此廣傳於後世。

拖拉祭上的情形

江戶時代舉行期間最長的「拖拉祭」

拖拖拉拉連續舉行長達 11 天的芝明神宮拖拉祭。秋天時，
每間神社都會舉行熱鬧的祭典，這場祭典更是其中之最。

文月

葉月

長月

神社內搭起許多攤販

祭典期間，神社內搭起許多露
天攤販。

甜酒釀與生薑是招牌商品
眾多商人聚集，舉行生薑市集
或販售甜酒釀。

拖拉祭上受歡迎的品項

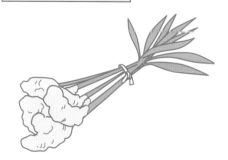

生薑
神社創建時，奉獻給神明的供品包括生薑
與甜酒釀、千木箱。以此為由來，祭典時
神社內都會舉行生薑市集。

千木箱
用薄木片圍成小判錢幣形狀的小木盒。裡
面裝糖果或五色豆，深受女性歡迎。

神田祭上絢爛豪華的 36 台山車

符合條件者 ▷	鄉民	農民	武士	皇家	其他	符合之時代 ▷	江戶前期	江戶中期	江戶後期

 ◈ 圍觀群眾大興奮！
遍步整個江戶的山車隊伍

有江戶總鎮守之名的「神田明神神田祭」，與德川幕府的產土神「山王權現神社（日枝神社）山王祭」，可說是瓜分江戶庶民人氣的兩大祭典。現代神田祭雖於 5 月 15 日舉行，江戶時代的「本祭」則是在 9 月 15 日。每年，隨著這一天的接近，江戶城鎮與街道就也愈發瀰漫一股熱切又興奮的氣息。

本祭前一天，隊伍從神社附近開始展開遊行。位於遊行路線上的武士家或町家高朋滿座，舉行起盛大熱鬧的酒宴。

到了本祭當天，道路禁止行人通行，巷弄也設置欄杆阻擋。慢慢地，裝飾得美侖美奐的豪華山車從道路另一頭出現，36 輛山車各有不同特色，彷彿競爭一般，在爭奇鬥豔中通過道路。拉山車需要借助牛隻的力量，山車與山車之間除了安排手持長槍的警衛外，還不時有載著舞者及歌手的歌舞攤車經過，隊伍綿綿不斷。

沿途圍觀群眾對每一輛山車發出歡呼，拍手送上鼓勵。遊行隊伍從湯島聖堂（文京區）西鄰附近轉入神田旅籠町及筋違橋（今昌平橋附近）一帶，再從須田町朝日本橋前進。出了三河町河岸通後，經過眾多武士宅邸門前，來到現在的武道館前方，沿著竹橋門與御堀端，一直走到大手門的橋邊，接著一定會繞到丸之內消防署後側──這裡是神田明神發祥地的平將門手塚所在地──再繞出常盤橋。

隊伍來到常盤橋時，時間已經差不多是傍晚。太陽下山，夜幕低垂，家家戶戶都會拿下屋簷燈籠，掛在竹枝上加入遊行行列，路上行人愈來愈多，祭典達到最高潮。這時的景色想必一定很美。

隔天，對祭典的熱情未減，祭典相關人士穿著祭典上的服裝直接前往神社參拜，感謝神明保佑祭典平安落幕。

祭典的主角 山車

以誇張排場取悅江戶庶民的山車遊行

有裝扮成朝鮮信使的，也有大鯰魚造型的山車，還有以桃太郎為題材的，種類豐富多樣。

明治時代之後，考量到路面電車與電線桿，山車不再登場，但是直到江戶時代，山車都是祭典的主角。此外，江戶時代的山車大多在關東大地震及戰爭時燒毀。現在的祭典以町神輿（神轎）為主流。

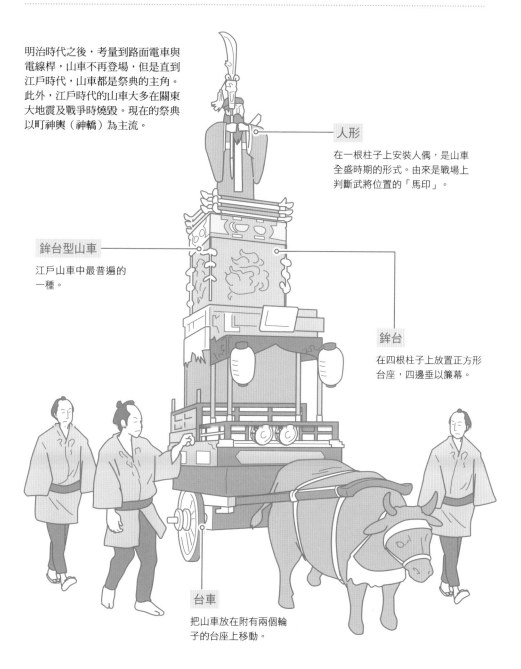

人形

在一根柱子上安裝人偶，是山車全盛時期的形式。由來是戰場上判斷武將位置的「馬印」。

鉾台型山車

江戶山車中最普遍的一種。

鉾台

在四根柱子上放置正方形台座，四邊垂以簾幕。

台車

把山車放在附有兩個輪子的台座上移動。

與現代比較！

江戶時代活

現代的秋天始於 10 月到 11 月，江戶時代的秋天則始於文月（7 月）。

舊曆

江戶	主要活動
寫下詩歌或文字 精進書法的月份 **文月** 秋天 舊曆 7 月	**七夕祭** 織女與牛郎一年一度相會的七夕，這是中國傳來的節日，日本則從江戶時代起，人們在「短冊」上寫下心願，掛上竹枝裝飾。 **盂蘭盆會** 超度祖先的盂蘭盆會於 7 月 13 日焚燒「迎火」，16 日早上焚燒「送火」，送祖先回彼岸。
轉為紅葉的樹葉 從枝頭落下 **葉月** 秋天 舊曆 8 月	**賞月** 8 月 15 日是中秋賞月之日，位於秋季正中。江戶城中設有「月見櫓」（賞月的城樓）並舉行宴會。 **賞菊** 以菊花拼成鶴或帆船等造型的「形造」。如同春天賞一般，江戶庶民也熱愛賞菊。直到現在還留有「菊人形」的文化。
夜晚時間開始變長 故又稱夜長月 **長月** 秋天 舊曆 9 月	**芝神明宮祭典** 有「關東伊勢」之稱的芝神明宮舉行為期 11 天的「拖拉祭」 **神田祭** 共有 36 輛山車遊行於市街。這天整個江戶都充滿喜慶氣息，晚上人們提燈漫步的景色也多彩美麗。

動行事曆
秋季篇

以下是江戶時代與現代秋季活動行事曆的比較。

現代	比較・考據

新曆

也有人繼承舊曆 過盂蘭盆節

7月

夏天
7月1日～7月31日

新曆的「御盆」在8月15日前後，又稱為「月遲盆」。中元假期「盆休」的時期雖為全國共通，也有些地方維持舊曆習俗，於7月舉行盂蘭盆會。

猛暑持續 活動不斷的盛夏之月

8月

夏天
8月1日～8月31日

江戶川花火大會上，人們跳盆舞，舉行多項中元例行活動，點亮送迎祖先的燈火。不過，這個時期的日照還很強烈。

日本列島 受颱風侵襲

9月

秋天
9月1日～9月30日

9月23日前後是秋天「御彼岸」*。舊曆8月15日約為新曆9月24日，這天人們欣賞名為「十五夜」的中秋明月。但因這個時期也是颱風的季節，有時無法順利賞月。

* 譯註：春分與秋分前後一週皆為「御彼岸」，是信奉佛教的日本人的掃墓時期。

避人耳目的幽會，
就在不忍池「出會茶屋」

知名的男女幽會場所

　　每個時代都有避人耳目，暗通款曲的男女，江戶時代，男女幽會的地點就在不忍池（今上野公園內）。池之端與弁天島的茶屋裡，充滿戀人們如火的熱情。

　　這裡原本就是熱鬧的觀光勝地，偷偷混在人群裡造訪茶屋很容易。茶屋的費用是金1分（約現在的日幣1萬圓），雖然昂貴，但戀愛使人盲目，為求一時的相會，付出這點金錢也不算什麼。

　　在入口領取茶和菸草盆，不須帶位即可逕自入屋。料理上桌也無暇品嘗，沉浸在充實的兩人世界直到心滿意足為止。茶屋多半有複數出入口，回家的時候為了避人耳目，兩人分別從不同出口離開。一般茶屋都是相連的，如此一來也不容易被起疑。不忍池正是如此這般提供男女幽會的祕密所在。

第四章

冬 天 的 活 動

舊曆 ▷ 10 月～ 12 月

新曆 ▷ 12 月～隔年 2 月

江戶時代的冬天比現在還冷，根據紀錄，有幾年甚至連隅
田川都結冰了。在有「小冰河時期」之稱的 14 世紀中葉
到 19 世紀中葉，江戶時代中期更是其中特別寒冷的一段
時期。即使是沒有暖氣的時代，人們依然會在寒冷季節中
享受節慶活動與祭典的樂趣。

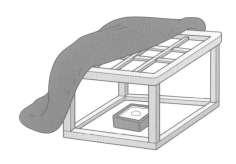

武士優先庶民在後！
取暖要照順序來

 庶民在家吃萩餅
用暖爐桌和火鉢取暖

舊曆的神無月相當於現在的 10 月下旬到 12 月上旬，是一天比一天寒冷的時期。

江戶城中，10 月 1 日是舉行「玄豬御祝」的日子，時間從下午 5 點開始，會有親藩大名、譜代大名及一部分的外樣大名等諸侯登城，接受將軍賜餅。這種餅稱為「亥子餅」，因為山豬多產，以此表達多子多孫的希望。

將軍賜物予諸侯的儀式稱為「手搗」。由朝廷中宮女用來稱餅（年糕）的詞彙「搗飯」訛誤而來。將軍親手將餅交給諸侯的儀式就稱為「手搗」。

因為是晚間進行的活動，城內焚燒著篝火，儀式在一股肅穆的氣氛下進行。沒有登城的武士們也會同時在家中吃紅白年糕（紅白餅）。對武士家而言，繁衍子孫是非常重要的事，因此特別重視這個「玄豬之儀」。

另一方面，庶民之間則流行製作萩餅，用來感謝神明保佑五穀豐收。民眾除了和家人一起吃萩餅外，也會分送鄰居。

此外，這天也是啟用暖具的日子。諸如暖爐桌、火鉢、地爐等，都從這天開始允許使用，因此也將這天稱為「炬燵開」（炬燵就是暖爐桌）。換句話說，這天之前是禁止使用暖具的。

直到現代仍受一般家庭喜愛的暖爐桌由來已久，其歷史可上溯到室町時代。當時是在火力減弱的「圍爐裏」（地爐）上覆蓋灰燼，再把衣服披在上面。後來演變為將屋內部分地板往下挖成洞穴狀，將地爐設置在較低位置的「掘炬燵」，這種「暖炕桌」的形式也一直流傳到現代。

到了江戶中期，人們在木框中間放置火鉢，框外覆蓋棉被，誕生了「置炬燵」。出於可移動的方便性，這種形式的暖爐桌很快普及於江戶一般家庭。

江戶時代的防寒暖具

江戶人也愛在暖爐桌中取暖

江戶時代的建築物與衣物防寒性都比現代低，為了取暖，防寒暖具是江戶庶民冬天裡不可或缺的東西。

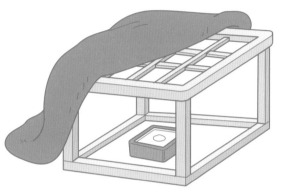

置炬燵

在地爐上方放置木框，再用棉被覆蓋其上。

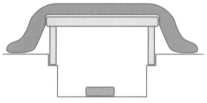

掘炬燵

將地爐設置在比地板更低的位置，在與地板齊高的地方設置木框放腳，更高的位置架設另一個木框，上面鋪上棉被，就完成現在地暖炕形式的「掘炬燵」了。

在燒炭火的地方放置鐵瓶燒水，或放上金屬網燒烤年糕。

抽屜裡放菸草等瑣碎的日用品。

長火缽

火缽本身從平安時代即已存在，放在房間裡取暖，則是從江戶時代開始的習慣。

灰式懷爐

在木炭粉末裡摻入茄子的莖或桐灰（具有燃燒時間持久的效果），再用紙包起來。拿來點火後，放進金屬製的盒子裡使用。

喝到飽、吃到飽的
祭典「惠比壽講」

符合條件者 ▷	鄉民	農民	武士	皇家	其他	符合之時代 ▷	江戶前期	江戶中期	江戶後期

 不分身分地位的「惠比壽講」
是祈求生意興隆的福神祭典

每年 10 月 20 日都會為保佑商業繁盛的神明「惠比壽（或寫成夷、戎）」舉行名為「惠比壽講」的祭典。惠比壽神是七福神之一，懷中通常抱著剛釣到的鯛魚，因為這樣的形象，起初受到漁業相關人士的崇敬，後來演變為保佑商人生意興隆的福神。「惠比壽講」是從「上方」（江戶時代對京都大坂等近畿地方的稱呼）傳到江戶的祭典，現在關西每年仍會舉行名為「惠比大人」的祭典，1 月 9 日有「宵戎」，10 日有「本戎」，11 日則叫做「殘福」。

在江戶，雖然不像關西那樣到處都有惠比壽神社，也沒有整個城市都在慶祝惠比壽祭典，商人之間仍會招待親朋好友或熟客到自家宅邸，大手筆招待對方喝酒吃飯。這天晚上，商家也會請平時只能吃冷飯、味噌湯和少許配菜的員工吃大餐，大家都開心地露出惠比壽神般的福態表情。商人

家的「惠比壽講」除了商業人士外，也會請來武士或僧侶。席間有彈奏三味線的女人，或是模仿拍賣的表演橋段，藉此炒熱氣氛。整體來說，是一場不分身分高低的活動。

有些祭典流行多年，有些祭典日漸荒廢。惠比壽講就是屬於日漸荒廢的一種。取而代之的是名為「黏答答市集」的市集活動，現在每年 10 月19、20 日兩天，以日本橋寶田惠比壽神社為中心展開。

「黏答答市集」的由來，是一種用砂糖與米麴醃漬白蘿蔔的醃漬食品「黏答答漬」（べったら），這種醃漬食品，原本是在惠比壽講前一天賣給觀光客的東西。惠比壽講雖是以「鯛魚」為主角的祭典，在沒有冰箱的時代，鯛魚很容易腥臭，於是用醃漬物「黏答答漬」的香氣來掩蓋，漸漸形成了賣這種醃漬物的市集。現在，寶田惠比壽神社的「黏答答市集」依然攤商雲集，吸引許多遊客，每年這天都很熱鬧。*

* 譯註：「黏答答」的原文「べったら」，在日語中形容用米麴和砂糖醃漬時，表面產生的黏膩感。

惠比壽講與 惠比壽神

保佑商業繁榮的福神 ── 惠比壽大人

按照慣例，10 月 20 日是舉行惠比壽講的日子，江戶商家都在這天熱鬧慶祝。

惠比壽大人

七福神之一，深受庶民篤信。形象是抱著剛釣上鯛魚的老者，原本是漁夫或海運業者信仰的天神，後來演變為保佑商業的福神。

惠比壽講的情景

商人在這天招待眾多親朋好友與熟人熟客，眾人不分身分地位高低共享宴會，也會邀請武士及僧侶參加。

吃飯的形式是「吃到飽」！有素烤鯛魚、照燒鮭魚和湯，也有甜點、年糕與酒，大家吃吃喝喝，熱鬧無比。

愛喝酒的江戶人太多，
導致幕府生產量下降

 ## 單身男人太多，
江戶連造酒都有所限制

雖然現在日本各地都有在地酒廠製造的美味名酒，然而對江戶時代庶民來說，只要一提到酒，不是京都伏見就是大阪池田、伊丹，再不然就是有「灘之生一本」之稱，享有盛名的兵庫灘。這些在「上方」（近畿地方）製造的酒會用「菱垣迴船」或「樽迴船」運到江戶，據說在船上隨風浪搖晃過的酒風味更上一層樓，搖身一變成為美酒。又因為搬運下船時可同時眺望富士山，也有「富士見酒」之稱。這些「上方」來到江戶的酒，大約於 11 月時抵達。喜歡嘗鮮的江戶人當然不會放過這批「初物」，將該年度第一批運酒抵達的船稱為「新酒番船」，熱烈歡迎船隻的到來。

如果是已有家室的人，就在結束工作回家後喝酒，配妻子做的下酒菜，從「貧乏德利」（酒行販賣不到 1 升的酒時，都裝在這種「德利」酒瓶中）裡倒酒到杯子裡喝。那個時代，常溫酒的數量占絕大多數，不過餐廳也會在冬天端出熱過的酒。沒有結婚的單身男人工作結束後，就在回家路上找個拉門上掛著「酒餚」招牌的居酒屋喝兩杯。店家門口掛著麻繩編成的門簾，從門簾縫隙間窺看店內情況，忍不住就被吸引入店。另外，路上也會有用扁擔挑著酒菜販售的小販，在路邊就可享受喝酒的樂趣。

當時的酒多半是稱為「片白」的濁酒，清澈的酒稱為「諸白」，數量稀少，相形之下貴重許多。江戶人非常喜愛清酒，在水質不佳的江戶市街中，許多人以酒潤喉，結果喝得酩酊大醉。

於是，第三代將軍德川家光於寬永 19（1642）年頒布命令，將釀酒量減少為前一年的一半，並禁止新的造酒業者加入市場。即使如此，人民對酒的需求卻沒有減少，相較於江戶近郊製造的酒 1 升賣 20～40 文的價錢，伊丹的酒 1 升要價 80 文錢，池田的特上酒要價 132 文錢，這些來自關西的酒依然暢銷。

從關西運來的酒

受歡迎的酒產地有灘、伊丹、池田

江戶時代初期，江戶人多半喝靠近江戶的伊豆酒，後來，來自西日本的酒開始大大流行。

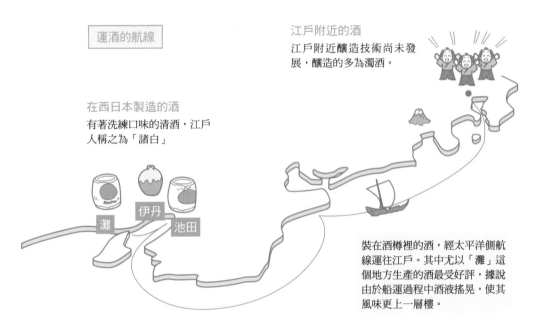

運酒的航線

江戶附近的酒
江戶附近釀造技術尚未發展，釀造的多為濁酒。

在西日本製造的酒
有著洗練口味的清酒，江戶人稱之為「諸白」

灘　伊丹　池田

裝在酒樽裡的酒，經太平洋側航線運往江戶。其中尤以「灘」這個地方生產的酒最受好評，據說由於船運過程中酒液搖晃，使其風味更上一層樓。

運輸時使用的船隻

樽迴船
航行於上方與江戶之間，用來運送貨物的定期船。由於主要運送的貨物是裝在酒樽裡的酒，因而得到「樽迴船」的稱呼。早期也會用「菱垣迴船」（上方江戶之間的另一種定期船）運酒，除了酒之外，船上還同時載運其他貨物。後來速度更快、運費更便宜的樽迴船勝出，就取代了菱垣迴船。

上方的酒有諸白之稱，大受歡迎！

與自古以來的濁酒不同，愛喝酒的江戶庶民非常中意色澤澄澈的清酒。

劍菱

特徵是濃厚的口味與清爽的口感，堅守擁有500年歷史的滋味。

 白雪

明治29（1896）年於芝加哥萬國博覽會上出品時獲得金碑獎。

老松

江戶幕府御用酒行中等級最高的酒，也用來進貢宮中。

伊丹

今兵庫縣伊丹市。伊丹的酒曾被選為將軍的御膳酒。

正宗

「正宗」現在已經成為清酒的代名詞，可見其受歡迎的程度。

 白鶴

寬保3（1743）年創業，種出專用來釀酒的「白鶴錦」品種米。

澤之鶴

享保2（1717）年創業，堅持純米酒，只用米來釀造酒。

 灘

今兵庫縣神戶市灘區到西宮市一帶。由於強化了運輸體制，江戶時代後期，江戶對酒類的需求有八成來自灘區。

滿願寺

有池田「酒之始祖」稱號，歷史悠久的名酒，但在18世紀時衰退。

 李白

由「鍵屋酒造」出品的酒。

一鱗

與滿願寺齊名的池田二代酒造「大和屋」出品的酒。

池田

今大阪府池田市。與伊丹齊名，以品質為傲。

活動 FILE

現在仍能看見的酒行商標

至今，酒行仍會在屋簷下吊掛用杉葉束成球狀的「酒林」，象徵此處賣酒。酒林又稱為「杉玉」。

江戶人喝酒的方式

基本上喝常溫，喝法五花八門

在江戶，基本上喝常溫的酒。不過冬天寒冷時也會喝熱過的酒。

容器

一升德利

裝在酒樽搬運的酒，運到酒行後重新分裝，裝進這種一升酒瓶販售。買酒回家後一樣裝在這種酒瓶裡。

二勺盃 *

江戶時代，人們將裝在一升大盃中的酒，盛裝在這種二～三勺的小盃中喝，是主流的喝酒方式。

一口吞

漸漸地，從用「盃」喝酒，改成用名為「豬口」或「一口吞」的陶器小酒杯。

喝法

銅壺
以銅製成的壺，可放在火缽上加熱。

銚釐
把酒裝在裡面，放進銅壺用火缽加熱。

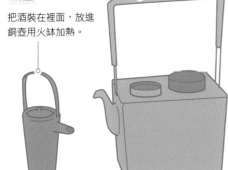

熱燗

一般來說江戶人喝常溫酒或冷酒，餐廳或中產階級家庭也流行將裝了酒的容器，加熱到和體溫差不多的溫度來飲用。

味醂 1

燒酎 1

本直

炎熱的夏天，為了消除暑氣，江戶人習慣製作這種飲料。將味醂與燒酎以一比一比例混合製成的甜酒。

* 譯註：盃為淺盤狀的酒杯。

拚命滅火的男人
充滿江戶人的氣魄

江戶市街上，木造建築密集，只要一失火，瞬間就會延燒開來。尤其是在頻繁使用蠟燭或以菜籽油點燈的冬季，據說江戶幾乎天天發生火災。

幕府首先設置分別由幕府僱用、大名僱用及町鎮僱用的消防隊「火消役」。然而，明曆大火（1657 年）燒掉了大半個市區後，又成立了由旗本組織的「定火消」。這之後依然火災頻仍，享保 3（1718）年，在至今仍為人熟知的官員「町奉行」大岡越前守主導下，建立了「町火消」的制度。每個町派出兩名熟悉房屋構造的建築工人，分成幾個小組。包括隅田川以西的「伊呂波四七組」（後來改名為四八組）和以東的「本所・深川一六組」。

當時的消防員「火消人」身穿印有各組文字的短袖上衣「祥纏」，每當火災發生時，位於武家地區的人敲板木，位於庶民城鎮的人敲半鐘示警。

在火災現場，組裡體力特別好的「纏持」會在身上潑水，然後爬上屋頂，豎起代表各組的旗印「纏」，除了有「告知此處發生火警」的作用，也象徵「由本組在此滅火」的宣言，展現「只要我們在這裡立起了纏，就不會讓大火越過雷池一步！」的魄力。不過，因為消防隊太有魄力，各組之間為了搶著滅火經常發生爭執。

爬上屋頂用的梯子，使用比木製更不容易起火燃燒的竹梯，長 21 尺（約現代的 6.9 公尺）。梯子不直接靠在屋簷旁，而是從梯子的四方以尖嘴工具「鳶口」支撐，使竹梯保持直立。其他組員也會用同樣的尖嘴工具「鳶口」來破壞房屋，藉此防止延燒。消防隊還會使用名為「龍吐水」的滅火水。這是裝在長方形木箱裡的水，兩人交替按壓設置於中央的手柄，藉以增加水壓，使滅火用的水從筒狀部分噴射而出。不過，這種方式必須隨時補水，使用起來耗時費工，實際放出的水量又不夠大。

消防員的裝扮

英勇又帥氣的江戶消防團

江戶時代的消防團「火消」，具有道地江戶人天生的壯志豪情，是人稱「江戶之華」的存在。

神無月

霜月

師走

纏

和戰場上昭示武將所在位置的「馬印」一樣，「纏」是象徵消防隊員的旗幟。各組都會設計屬於自己團隊的徽章，以黑白兩色統一。

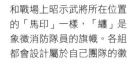

纏持

在火災現場負責找到立足點，將「纏」豎立起來的人。為了確保火勢不會延燒到這個範圍之外，纏持必須在火星紛飛中負起責任堅守崗位。

刺子長絆纏

刺子是在布料上用細線刺繡圖案的技法。密密細線縫刺過的布料非常札實耐用，適合用來做成消防員的制服。

頭巾

頭上披著防火用的頭巾，保護頭臉。

鳶口

為了防止延燒，必須破壞起火點旁的房屋，這時使用的工具就是鳶口。此外，鳶口也用來從四方支撐竹梯。

出動時的體制

為了避免與其他町鎮的消防團起爭執，出動時除了組員之外，名主或家主也會一起出動。

町上的名主

名主是江戶時代町鎮之長。發生火災時往往一馬當先。

家主

家主是土地或房屋所有者，也會穿上消防團的絆纏，帶領組員出動。

頭

統領消防團的領隊。

纏持

手持消防旗幟「纏」的人。

梯子持

負責搬運梯子到火災現場的人。

平人

一般的消防團員。

七五三節賣的千歲飴源自江戶時代

符合條件者 ▷	鄉民	農民	武士	皇家	其他	符合之時代 ▷	江戶前期	江戶中期	江戶後期

「七五三」的儀式在庶民間成為慣例

伊莎貝拉·博兒（Isabella Lucy Bird）在明治11（1878）年推出採訪當時日本各地民俗文化後寫成的《日本奧地紀行》一書。她在書中驚訝地寫下了「我從來沒看過這麼疼愛自己小孩的父母……」等語句。不過，早在那之前，從江戶時代中期天下太平的時期起，庶民之間便已盛行為孩子盛裝打扮後前往神社參拜的「宮參」習俗。

男孩一到5歲，就要穿上袴服，前往神社參拜「產土神」（守護自己出生這塊土地的守護神），稱為「袴著之祝」。這原本是貴族與武士家庭的習慣，源自五代將軍德川綱吉為長男德松祈求健康的儀式。起初主要普及於關東各地，後來也流傳到京都大坂，成為全國性的儀式。

到了江戶中期，庶民生活逐漸安定，有了餘裕之後，商人或工匠家庭也開始為孩子舉行這種儀式。每年一到11月，在商人家庭會以孩子的母親為中心，由叔母或奶媽、家僕陪同，帶領經常進出家中的工匠及身穿「革羽織」的建築工等人一起去神社參拜，祈求孩子健康成長。

在神社購買，用來祈願長壽的「千歲飴」由淺草的糖果商製作，在那個兒童夭折率高的年代，含有祈求孩童存活與長生的心願。

現在慶祝七五三的儀式根源，來自男孩女孩3歲時的「髮置」（開始留長頭髮）及女孩7歲時的「帶解」（開始用腰帶綁和服）儀式。前往神社參拜後，再輪流到親朋好友家打招呼，晚上請認識的人或附近鄰居到家裡舉行宴會，也把孩子正式介紹給大家。

起初眾人只要在11月各自選擇吉日進行即可，後來參拜的日子明定為11月15日。每年這天，江戶市街都會出現一群身穿鮮豔優雅和服的孩子，成為冬日特有的季節風景。

江戶時代的七五三

慶賀孩子成長的歡喜儀式

在醫療不發達的古代，孩童夭折率高，若能存活到某個年紀，家人便會盛大慶祝孩子的成長。

3 歲

髮置之儀

慶祝開始留長頭髮的儀式，同時也祝賀小孩從嬰兒成長為幼兒，祈求孩子的健康與長壽。以前男孩女孩在 3 歲之前都要剃髮，3 歲這年的 11 月找個吉日開始把頭髮留長。

5 歲

袴著之儀

讓男孩第一次換上袴裝的儀式，同時祝賀孩子從幼兒成長為男孩。這天會讓孩子朝吉祥方位站在棋盤上，從左腳開始套入袴褲。參拜氏神，造訪親朋好友，晚上邀請眾人在家中舉行宴會慶祝。

7 歲

帶解之儀

女孩在這天之前穿的是幼兒用的附帶和服，這天第一次換上必須正式繫上腰帶的和服，舉行從幼兒成長為女孩的祝賀儀式。從這天起，穿和服時就不再使用給幼兒用的輔助腰帶（直接縫在衣服上的腰帶）。

在酉之市買熊手耙，是江戶人的時尚

冬天的活動 其六

符合條件者 ▷	鄉民	農民	武士	皇家	其他	符合之時代 ▷	江戶前期	江戶中期	江戶後期

 **激烈的殺價對決非常有趣
江戶冬日風景之一的「酉之市」**

每年 11 月酉之日舉行的酉之市又稱為「酉大人」，從江戶時代開始成為慣例的節慶活動。其由來是南足立郡花又村（今足立區花畑）大鷲大明神別當正覺院的祭典，祭典上供奉雞隻＊，祈求生意興隆，招福開運。

這裡距離江戶市中心 3 里之遙，田園廣闊且地處偏僻，舉辦酉之市時卻是熱鬧非凡。根據《遊歷雜記》的記載，往來人群經常將道路擠得水洩不通，進退不得。後來，同樣的「酉之市」更遍及至江戶各處市街。

到了江戶後期，淺草下谷鷲大明神・別當長國寺的酉之市廣受歡迎。這附近有從人形町搬遷過來的吉原遊郭，許多遊客會先來酉之市參拜後，再到吉原等地方玩樂。為此，遊郭連原本靠近神社那側不會打開的門都開放了。

元祖酉之市的大鷲神社稱為「上酉」或「本酉」，千住的勝專寺（現已廢止酉之市）稱為中酉，淺草鷲神社長國寺稱為下酉、新酉。江戶時代只有這三個地方舉行酉之市。

說到酉之市，就不可不提名為「熊手」的耙子。江戶人認為耙子有「耙來福氣」的譬意，為這種熊手耙子加上寶船、小判金幣、米袋、鯛魚、鶴龜、大黑天神、不倒翁或招財貓等裝飾。不同職業的買家可選購不同裝飾的熊手，例如做餐飲業的人買的是裝飾了米袋或鯛魚的熊手，企業家則喜歡買有不倒翁裝飾的，象徵「跌倒也能立刻站起來」。想增進財運的人買裝飾有寶船或小判金幣的熊手……此外，在酉之市上購買熊手還可參加殺價對決，這也是參加酉之市的樂趣之一。在氣勢十足的吆喝聲中提出自己希望的價格，經過一番激烈的討價還價後，當店家一說「輸給您了！」就表示殺價成功。付錢時，有格調的客人會一邊說「這是紅包」，一邊把砍價成功的價差補回去。成功買到的人在回家路上正面高舉熊手，據說這樣能招來更多幸運與福氣。

＊譯註：雞與酉同音。

酉之市必買商品

來酉之市買齊年底要用的東西

熊手原本是打掃工具之一，後來被視為「耙來福氣」的吉祥物。

熊手

被視為「耙來福氣」的吉祥物，市面販售的熊手會加上許多帶來好兆頭的裝飾。

小判

金色小判錢幣造型的裝飾品。祈求商業繁盛生意興隆。

阿龜面具

阿龜面具又稱「御多福」，能招來更多福氣。

寶船

上面載有米袋、金銀財寶與七福神等各種吉祥象徵的帆船。

米袋

象徵五穀豐收。米袋愈多，就表示家宅愈平安，生意愈興隆。

鶴龜

長壽的象徵。

大黑天神

七福神之一。福德之神。

八頭

里芋的品種之一。外型很像抬起的人頭，象徵「出人頭地」的吉祥物。一顆八頭里芋上會長出許多芽，也代表多子多孫。

掃把

草蓆

日用品

除了吉祥物之外，酉之市上也可買到掃把、草蓆等年底需要用到的生活用品及新年用具。

為了擠出寺社重建費用，幕府不得不認同相撲

符合條件者 ▷	鄉民	農民	武士	皇家	其他	符合之時代 ▷	江戶前期	江戶中期	江戶後期

 **有庶民壓倒性的支持
一度被禁，最後依然舉行！**

寺廟或神社等建築需要大量的管理及維持費用，原本就經常會靠舉行相撲大會籌措資金。江戶幕府成立後，因為相撲活動舉行時經常引來浪人或俠客，幕府以破壞風紀為由禁止舉辦相撲活動。

然而，相撲的人氣早已普及民間，受到廣大庶民支持。在民眾的熱情支持下，貞享元（1684）年幕府終於准許位於深川的富岡八幡宮舉辦「勸進相撲」（募款相撲比賽）。由於明曆大火一把燒掉大半城鎮，幕府為了促進深川本所地區的開發，只得再度允許「勸進相撲」舉行。此外，失去工作的相撲力士裡出現為非作歹之人，再加上富岡八幡宮的社殿被燒毀需要資金重建，這些都是幕府允許重啟相撲活動的原因。

之後，幕府官方認可的勸進相撲重啟，以富岡八幡宮為首，本所回向院、湯島天神等寺社都開始舉行相撲活動。進入天保年間（1830～1844年）後，江戶大相撲幾乎都在回向院舉行，逐漸成為固定每年於春秋舉行的活動，直到明治42（1909）年兩國國技館設立為止，一共持續了76年。相撲史上留名至今的谷風、雷電等力士，都活躍於這段期間之中。

不過，當時相撲禁止女性觀賞，要到明治時期才解除這樣的禁令。

以相撲維生的職業「力士」確立於江戶時代，不只如此，在那之前的相撲，原本是由圍觀人群形成「人方屋」，將力士圍在中間競賽的形式，很容易釀成爭執或起衝突。也是從江戶時代起，逐漸發展出和現在一樣建造土俵，在土俵上比賽的形式。

除了庶民，相撲也深受各大諸侯喜愛，隸屬大名家的力士若在比賽中獲勝還能因此提升大名聲望。因此相撲競爭漸趨白熱化，競賽活動一場接一場舉行。列出力士順位排名的「番付表」一用木板印刷出來，人們就爭相購買，東洲齋寫樂或十返舍一九等繪師描繪的「相撲繪」也很暢銷。

相撲會場

庶民圍在土俵旁觀戰

相撲與歌舞伎、吉原遊郭並稱江戶三大娛樂，深受民眾喜愛。當時禁止女人觀賞，場內盡是血氣方剛的男人。

棧敷席

以木板在平地上搭起，高於平地的觀眾席。座位可向「相撲茶屋」（賣座位給觀眾或提供伴手禮及餐飲販售的組織）購買。

力士

江戶時代中期起，力士確立為一行職業，受大名諸侯僱用。

土俵

土俵出現於 17 世紀末，在那之前沒有這樣的東西。元祿年間（1688 ～ 1704 年）統一為圓形，可視為現代土俵的原型。當時土俵的範圍超出柱子外側。

土間席

近在土俵旁的觀眾席。比起靠近土俵的土間席，必須透過相撲茶屋才能買到的棧敷席價格更貴。

121

早上 4 點起床搶位子是一定要的啦！看戲就是最棒的娛樂

| 符合條件者 ▷ | 鄉民 | 農民 | 武士 | 皇家 | 其他 | | 符合之時代 ▷ | 江戶前期 | 江戶中期 | 江戶後期 |

 全江戶都為顏見世興行瘋狂
歌舞伎是江戶最棒的娛樂

江戶三大劇場（江戶三座）「中村座」、「市村座」及「森田座」，都會在 11 月 1 日舉行慣例的「顏見世興行」，介紹往後一年在劇場演出的演員給觀眾認識。首先，這天的凌晨 2 點，於劇場出入口發表當天的配角，這時已經引發一陣歡呼了。接著，凌晨 4 點左右開始接連擊打「一番太鼓」與「二番太鼓」，歡呼轉變為騷動。對庶民而言，劇場的「顏見世興行」是年度重大活動，也是不可或缺的冬日風景。

戲劇演出當天，有錢人可以坐在事先預約的位置上。而庶民為了在「平土間」普通座位中搶到好一點的位子，很多人天剛亮就起床準備，或甚至前一天先去劇場（芝居小屋）附近茶屋過夜等待。尤其是女性觀眾，很多人會凌晨 4 點就起床化妝更衣。劇場上午 4 點開場，到下午 5 點關門，看戲對江戶庶民來說，是耗時一整天的活動。

一天下來，舞台上演出好幾場戲，當中也必須花時間更換舞台裝置。這段時間稱為「幕間」，觀眾們利用幕間喝酒或喝茶，也有人吃便當等待。這時吃喝的東西俗稱「菓便鮨」，指的是「菓子（零食點心）」、「便當」及「壽司」。便當多半吃「幕之內便當」，這是一種將飯糰、煎蛋、魚板、煎豆腐及瓠瓜乾等食物放進 6 寸（約 18 公分）重箱裡做成的便當。

歌舞伎始於上方（近畿地區），寬永元（1624）年猿若（中村）勘三郎創立劇場後，瞬間贏得江戶人的喜愛，也獲得幕府許可，得以舉行公演。時光流逝，到了天保 12（1841）年，中村座、市村座兩劇場因火災燒毀，推動天保改革的「老中」水野忠邦便以破壞風紀為由，試圖消滅江戶三座。阻止這件事的便是知名的「奉行」* 遠山金四郎。正是這位金四郎大人將江戶三座集中到淺草猿若町，建立了「芝居町」（日語的「芝居」指的就是戲劇）。

* 譯註：老中、奉行皆為當時的官職名稱。

歌舞伎的舞台與觀眾席

可自由飲食與交談的江戶觀劇形式

武士貴人坐在高處「特等席」，庶民坐在最便宜的座位，吃自己帶來的飯糰，人人都在各自的位子上享受看戲樂趣。

棧敷

從古代、中世延續到江戶時代，比平地高一段的特等席。歌舞伎的觀眾席從江戶時期開始分成上棧敷與下棧敷。

羅漢台

只能從舞台後方看出去，最便宜的位子。因為排在這裡的觀眾看上去狀似五百羅漢像，所以有了羅漢台的稱呼。

吉野

設置在羅漢台上的棧敷席。和羅漢台並列為最下等席位，受到一般庶民、鄉民的歡迎。又稱「通天」。

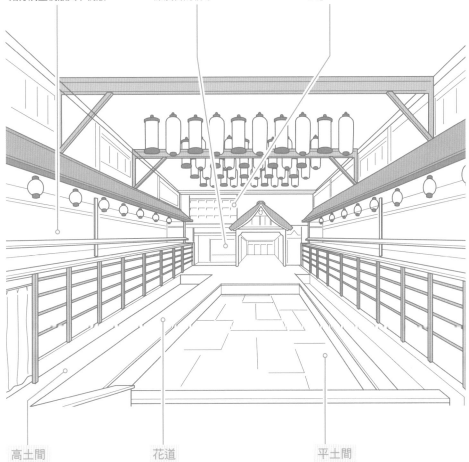

高土間

享和2（1802）年，隨著中村座的改建，在下棧敷前設置了比土間（平地）高一段的高級席位。

花道

從舞台右側（從觀眾席看過去的左側）朝觀眾席突出的通道。於享保時期成為一般舞台都會有的構造，可讓人從這裡上台，或是讓演員在上面走動，展現「步藝」。

平土間

舞台正面下方的位置，以方框區隔的一般席位。為了與「高土間」做區分，故稱為「平土間」。

觀劇的樂趣就是在座位上大快朵頤

劇場一天下來上演多齣戲劇，舞台轉換的「幕間」經常耗掉很長時間。觀眾們便利用這段時間在座位上吃吃喝喝。

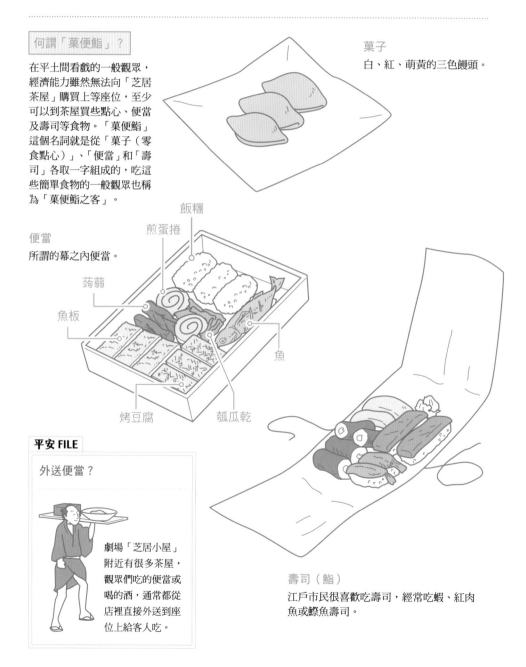

何謂「菓便鮨」？

在平土間看戲的一般觀眾，經濟能力雖然無法向「芝居茶屋」購買上等座位，至少可以到茶屋買些點心、便當及壽司等食物。「菓便鮨」這個名詞就是從「菓子（零食點心）」、「便當」和「壽司」各取一字組成的，吃這些簡單食物的一般觀眾也稱為「菓便鮨之客」。

菓子
白、紅、萌黃的三色饅頭。

便當
所謂的幕之內便當。

飯糰

煎蛋捲

蒟蒻

魚板

魚

烤豆腐

瓠瓜乾

壽司（鮨）
江戶市民很喜歡吃壽司，經常吃蝦、紅肉魚或鰶魚壽司。

平安 FILE

外送便當？

劇場「芝居小屋」附近有很多茶屋，觀眾們吃的便當或喝的酒，通常都從店裡直接外送到座位上給客人吃。

歌舞伎的種類

江戶歌舞伎與上方歌舞伎

以各自的台柱演員「花形役者」為中心，歌舞伎的發展也分成關東與關西，受到兩邊觀眾的狂熱支持。

荒事

在第一代市川團十郎手中確立，以征討敵人或武士等故事為主題，描寫勇猛果敢豪傑戰鬥的作品及表演風格。誇張的眼神、邁開大步飛奔於花道上等演出方式深受觀眾喜愛。

市川團十郎

「荒事」創始者。代代相傳至今的「成田屋」第一代，江戶元祿時期與坂田藤十郎齊名的知名歌舞伎演員。在動機不明的情形下，被同為歌舞伎演員的生島半六刺殺，死於舞台上。

和事

在第一代坂田藤十郎手中確立，以遊女悲傷戀情等情節為主，著重描繪人類纖細情愛的作品。登場男性角色溫和高雅的形象最受觀眾歡迎。

坂田藤十郎

「和事」創始者。與市川團十郎齊名的知名歌舞伎演員。受到以《曾根崎心中》等作品出名的近松門左衛門提攜，為歌舞伎表演發展出以對話為中心的寫實劇。

125

冬天是江戶的觀光季，
伴手禮最推薦櫻餅！

符合 條件者 ▷	鄉民	農民	武士	皇家	其他		符合之 時代 ▷	江戶前期	江戶中期	江戶後期

前往伊勢參拜途中
順道購買最新商品或伴手禮

　　稻米收成期結束後，各地民眾開始外出或前往其他地方旅遊。離鄉背井工作的人回鄉或前往伊勢參拜的人回家途中，總會以「人生中總要造訪過一次奢華江戶」為藉口，來一趟大都會江戶觀光行程。因此，這個時期的江戶總是很熱鬧。

　　來江戶觀光的人最喜歡去的景點有德川家菩提寺的增上寺、可看見大名諸侯行列的江戶城、愛宕山、深川八幡及淺草寺等寺社。其中最受歡迎的就是赤穗浪士之墓所在地的泉岳寺。赤穗浪士的故事透過戲劇散播各地，深入民間，浪士們為君主報仇雪恥的心意獲得許多民眾共鳴。

　　此外，人們在旅行途中無法背負太沉重的行李，偏好選購故鄉不容易買到但又攜帶方便的東西當伴手禮。其中，吃兩碗蕎麥麵的錢就買得起的浮世繪，因為符合上述條件，價格又很親民，成為民眾喜歡購買的伴手禮之

一。觀光客在前往名為「芝居小屋」的劇場欣賞當代知名歌舞伎或人形淨瑠璃表演後，會順道在「地本問屋」購買與歌舞伎內容相關的浮世繪。此外，淺草雷門附近賣的淺草海苔也是銷量很好的伴手禮商品。

　　另一項受歡迎的伴手禮品是桌遊「雙六」。「新版御府內流行名物案內雙六」內容介紹江戶名產及最新流行的美食等，其中還可看到營業至今的酒行「豐島屋本店」或販售茶葉與海苔的「山本山」等商家。

　　長命寺賣的「櫻餅」是以鹽漬櫻花葉包起的糯米糕點，從江戶時代到現代都是廣受民眾喜愛的伴手禮品。最後還有一種令人意外的伴手禮，那就是蔬菜種籽。原本就以農業維生的人們，大概是想把江戶蔬菜帶回故鄉種植栽培吧。其中尤以板橋清水村培育的清水夏大根（白蘿蔔）種籽最熱賣。帶著這些又輕又少見的禮物，結束伊勢參拜的人們踏上回家的路。

人氣江戶觀光景點

來到江戶，就該去這些地方走走看看！

江戶是關東的文化中心，造訪江戶的觀光客眾多，受歡迎的觀光景點也不少。

知名社寺

愛宕山（港區）、淺草寺（台東區）、深川八幡（江東區）等知名社寺深受觀光客歡迎。其中，因為「赤穗浪士」拜戲劇之賜成為家喻戶曉的故事後，與赤穗浪士淵源很深的泉岳寺便成為最多人造訪的觀光景點。據說，來江戶旅遊的民眾必定前往泉岳寺一遊。

芝居小屋

前往劇場「芝居小屋」欣賞歌舞伎或人形淨瑠璃表演，也是旅遊江戶的樂趣之一。元祿年間（1688～1704年），江戶就有猿若座（日本橋人形町）、市村座（日本橋人形町）、森田座（銀座）與山村座（銀座）四個劇場。

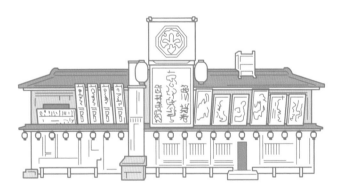

吳服屋

吳服屋是賣織品或布料的商店，位於現在日本橋附近的越後屋、大丸、白木屋等都是受歡迎的吳服屋。進入20世紀後，不少吳服屋變更為百貨公司，繼續在新時代中生存下來。

大掃除最後，慣例以「拋人」收尾

冬天的活動
其十

符合 條件者 ▷	鄉民	農民	武士	皇家	其他

符合之 時代 ▷	江戶前期	江戶中期	江戶後期

 結束大掃除那天晚上
就算出門玩樂也沒關係

進入師走（12 月）差不多 10 天，江戶城鎮裡開始聽見「掃除厄運，掃除厄運～」的吆喝聲。這是商人叫賣「煤竹」的聲音。煤竹是帶有竹葉的竹竿，大掃除時用來抹去煙囪等地方的煙燻痕跡或高處堆積的灰塵。在江戶，每年 12 月 13 日是使用這種煤竹大掃除的日子。這個叫賣方式源自室町時代京都的「藝商人」，江戶則是一年到頭都聽得到小販沿街兜售納豆、豆腐、風鈴、蛤蠣和金魚等商品的聲音。

原本，江戶城裡的後宮「大奧」自寬永 17（1640）年後，就開始將 12 月 13 日定為大掃除之日。早在這天之前，後宮各室即已著手打掃，這天則是掃除正室居處「御所在」，完成最後大掃除的日子。大奧掃除時不使用煤竹，用的是鳥羽做成的「天井拂」。結束打掃後會舉行名為「納之祝」的宴會，吃里芋、紅白蘿蔔、牛

蒡、烤豆腐和醬煮小魚或鹽鮭等食物，也會喝酒慶祝。宮女們之間有著奇妙的風俗習慣，會在齊唱「可喜可賀的若松大人～」後，抬起夥伴的身體往上拋舉。日本各地都有在除厄儀式後，將遭逢厄年的人抬起來拋舉的習慣，這個習慣或許和賣煤竹的小販吆喝「掃除厄運，掃除厄運～」有關。

大奧宮女「拋人」的習慣漸漸流傳入民間，鄉鎮上的居民也會在結束大掃除後喝酒，吃蕎麥麵或鯨魚湯，抬起一家之主的身體拋舉祝賀。

這天晚上，商家允許家中僕人或僱用的員工喝酒，也讓他們可以早點上床睡覺。不過，年輕的員工或許立刻就寢，年紀較大的店員則會在夜裡出遊，到鬧區找樂子。只有這天晚上，雇主對這些玩樂行為睜一隻眼閉一隻眼。大掃除這天將家中打掃乾淨後，年末的工作只剩下等待「歲之市」開張，購買正月要用的過年物品即可。

江戶的大掃除

年底忙得不可開交！全家總動員大掃除

在沒有吸塵器也沒有掃地機器人的江戶時代，大掃除是必須全家上下出動的一大例行公事。

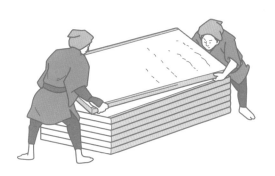

曬榻榻米「疊干」

抬起榻榻米，堆在路旁曬太陽，避免潮濕發霉。榻榻米從江戶時代後半進入庶民日常生活，長屋裡的榻榻米多半不是房東買的，住進去時房客得自己準備。為了延長使用期限，一定要仔細晾曬打掃榻榻米。

使用掃帚

掃帚很適合用來打掃榻榻米，輕鬆就能掃出灰塵，是大受重用的掃除用具。「賣掃帚」甚至獨立為一種行業，可見掃帚是庶民打掃時的必需品。

整理櫃子、架子

把櫃子或架子上的日常用品全部搬下來，擦拭打掃櫃子和架子。

掃除煤灰

「煤竹」是留有竹葉的竹竿，用尖端的竹葉抹掉高處的煙燻痕跡，也可撢掉高處灰塵。煤竹商人每年 12 月 10 日左右開始沿街叫賣煤竹。

No 年糕，No 過年！年糕是年底必備品

冬天的活動
其十一

| 符合條件者 ▷ | 鄉民 | 農民 | 武士 | 皇家 | 其他 | | 符合之時代 ▷ | 江戶前期 | 江戶中期 | 江戶後期 |

 在活力十足的吆喝聲中
振奮人心的「引摺年糕」

12 月也過了差不多一半時，江戶城鎮的市街或巷弄中，往往可聽見活力十足的搗年糕吆喝聲。由於 29 日的「九」在日語中與「苦」同音，人們通常不會選在這天搗年糕。但是，如果拖到除夕當天才搗年糕，搗好的年糕就成了「一夜餅（只能擺出來裝飾一天）」，這樣太不吉利，所以會在除夕之前提早幾天搗年糕。

元祿時代以前，搗年糕的工作只由男人負責。到了安永天明年間（1772～1789 年），男人持杵，女人揉餅*的分工合作習慣才固定下來。原本搗年糕並切成方形「角餅」，是家中僱用多名員工的富裕商家才有的習慣，一般庶民是請年糕店幫忙準備年糕，稱之為「賃餅」。

話雖如此，為了因應過年所需，過年期間年糕店也很忙碌，經常拒絕幫忙製作「賃餅」。這種時候，一般民眾就得請從事建築業，平常就擁有

釜、臼、杵及蒸籠等工具的「鳶職」帶上述製作年糕的工具來自家門前搗年糕了。這種年糕稱為「引摺年糕」，家家戶戶門口傳出精神抖擻、振奮人心的吆喝聲，甚至吸引不少富裕商家也來提出委託。

到了除夕當天，「歲之市」上的鏡餅年糕或伸餅年糕就會降價販售。鏡餅源自平安時代，《源氏物語》中就有「她們三五成群，慶祝『齒固』，又取出鏡餅來吃」的描述，可見裝飾鏡餅有祈求長壽的意思。

這天，庶民家中也會開始準備製作「雜煮」（年糕湯），先外出購買所需的食材，過濾淡雅高湯，把烤好的年糕放進去，再加入香菇、蒲鉾魚板、鳴門卷魚板、再放上水煮過的小松菜及海苔。

正月前三天多半以年糕為主食，連現代人都常因此吃膩，留下「松之內（1 月 1～7 日的新年期間）才知米飯的好」等令人有所共鳴的川柳。

*譯註：日語中的「餅」就是麻糬、年糕。

搗年糕的情景

從年底到新年，過年期間的必備品，年糕！

從 12 月 22 日左右，到 30 日為止，人們連日熬夜搗年糕。
年糕是過年時不可或缺的東西。

神無月

霜月

師走

江戶人吃角餅（方形年糕）

從前的江戶也吃丸餅（圓形年糕），隨著人口增加，為了方便一次製作大量年糕，切成方形的「角餅」愈來愈普及。

男女搭檔組隊搗年糕

元祿年間（1688～1704 年）搗年糕普遍還是一群男人的工作，到了安永天明年間（1772～1789 年），演變為現在大家熟悉的男人持杵，女人往糯米糰內加水搓揉或翻面的「男女搭檔」形式。

獲得年糕的四種方法

①在自己家搗年糕。②跟糕餅店訂購。③委託城鎮裡搗年糕的人幫自己做。④去「歲之市」採購。

舊曆中的江戶時代，
除夕與節分同一天

符合條件者 ▷	鄉民	農民	武士	皇家	其他

符合之時代 ▷	江戶前期	江戶中期	江戶後期

 於節分除厄
悠哉度過除夕

江戶時代，人們有時會在除夕這天進行節分的節慶活動。這是因為當時人們使用陰曆（太陰太陽曆），如同本書第4～7頁的說明，陰曆是一套設有閏月與二十四節氣的曆法。

事實上，作為季節更迭之際的指標，立春、立夏、立秋、立冬的前一天都稱為節分。只是立春正好四季輪替了一次，令人印象特別深刻，隨著時代推進，漸漸只有立春前的節分為人所熟知了。明治時代開始施行新曆（太陽曆）後，立春移到2月，原本舊曆裡的立春卻多半在年底或年初，江戶時代的節分甚至有與除夕同一天出現的時候。於是，以月亮為基準的陰曆和以太陽為基準的二十四節氣同時迎來新的一年，導致兩套曆法中的節慶活動漸漸混亂。例如過年吃蕎麥麵的習慣，原本是節分當天的節慶活動，從明治時代之後，開始演變成除夕夜吃蕎麥麵的習慣。

節分這天，人們會將烤過的鰯魚（沙丁魚）頭插在柊樹枝上，放在門口當裝飾。和現代人一樣，江戶時代的人也會一邊喊著「鬼在外，福在內」，一邊撒豆子。這種「驅鬼」的行動，正可說是一種除厄儀式。到了夜晚，寺社舉行「追儺」及「厄神祭」等儀式及祭典，「追儺」是宮中驅鬼除厄的儀式活動，也是民間撒豆驅鬼的原型。人們認為舉行過這些儀式後，就能去除災厄，送走舊的一年，懷著嶄新心情迎接新的一年到來。江戶時代節分多半出現在年底，除厄儀式也就成了人們在新舊年交替之際的一大節慶活動。

此外，時序一進入師走（12月），名為「節季候」的「門付」（街頭表演藝人）就會開始出現在家家戶戶門口，表演才藝收取報酬。事實上這也是除厄的一種，以好幾人為一組的藝人唱著「節季候、節季候」，換來白米或錢財等打賞。

等一連串節慶活動順利結束，人們完成除厄，江戶就此迎向一年之終。

過年與節分

過年和節分是同時舉行的活動？

使用舊曆的江戶時代，節分與過年期間重疊的年份還不少。

淺草歲之市

到了 12 月，知名神社會舉行總結這一年的「緣日」市集，又稱為「歲之市」。市集裡販賣各種過年期間會用到的東西，例如注連飾、神棚等正月用的居家裝飾，或是羽子板、彩毬等正月玩具，還有做年菜用的食材、火吹竹、牙籤等日用雜貨。

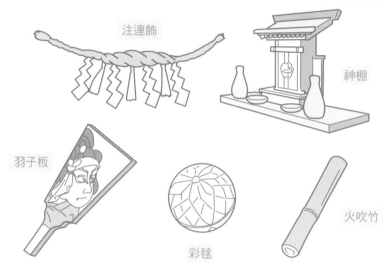

注連飾

神棚

羽子板

彩毬

火吹竹

節分活動

將烤沙丁魚頭插在柊樹枝上，擺設於玄關當裝飾，有除厄的作用。此外，為了趕走邪氣，會請那一年的年男（與該年干支同一生肖的男人）換穿上下成套的正式和服「袴」來撒豆。每個人撿起與自己歲數相同數量的豆子吃掉。

年男

與該年干支同一生肖的男人。

江戶時代活

面臨新舊年交替之際的此一時期，人們總是過得很忙碌。江戶時代的人

江戶	主要活動
早晚溫差大 一腳跨入冬季的月份 **神無月** 冬天 舊曆 10 月	**賞紅葉** 紅葉的季節，觀光客紛紛前往品川海晏寺等受歡迎的賞紅葉勝地。 **黏答答市集** 惠比壽講前一天晚上，於大傳馬町舉辦的市集。 **惠比壽講** 20 日時商人們就會舉行「惠比壽講」，請惠比壽神保佑生意興隆。
逐漸嚴寒 下起霜雪的月份 **霜月** 冬天 舊曆 11 月	**鞴祭** 本月 8 日的節慶活動。鍛冶師、金工業、鑄造師等工作上用得到「鞴」（促進火力的風箱）的工匠們，會在這天清潔自己的吃飯工具，加以祭祀。 **七五三** 本月 15 日，是慶祝小孩成長的七五三。男女 3 歲舉行「髮置」，男孩 5 歲舉行「袴著」，女孩 7 歲舉行「帶解」等儀式。
一年的尾聲 「連師父都忙得 四處奔走」的月份 **師走** 冬天 舊曆 12 月	**掃除煤灰** 掃掉天花板及牆壁上一年份的煤灰，是年底的一大例行公事。 **除夜之鐘** 一過深夜 12 點，佛教寺院有敲響 108 次鐘聲的習俗。在佛教思想中，108 是煩惱的數量。

舊曆

動行事曆

冬季篇

也和現代人一樣，有許多活動和必須做的事！

現代	比較・考據

新曆

秋意漸濃
行道樹也染上了秋色

10月

秋天
10月1日～10月31日

進入 10 月後，政府機關與學校換季，從夏季制服換成冬季制服。10月 31 日的萬聖節來自歐美國家，受到現代日本人喜好，年年盛大慶祝。

秋風吹落枯葉
天氣正式變冷

11月

秋天
11月1日～11月30日

秋風吹落枯葉，季節逐漸從秋季往冬季轉移。依照新曆，本月 7 日左右將迎向立冬。這個月也會慶祝七五三，舉行販售熊手耙等吉祥物的「西之市」。

忙不完的季節活動
一年的總結

12月

冬天
12月1日～12月31日

年底人們忙著寄送賀年卡、冬至洗柚子澡，還要歡度聖誕節。此外，每年這時候也是大掃除和結束一年工作的時期。在各種節慶活動中匆匆忙忙度過，和古代人的「師走」一樣，對現代人而言也是忙碌的一個月。

「智仁武勇」咒語，
源自江戶時代

給河童小黃瓜，就能避免水禍

為了躲過疾病災厄，人們經常借用神佛的力量「咒語」。

咒語也可說是咒術的一種，舉例來說，古時如果有母親擠不出母乳，就會走到橋上，用手撫摸狀似乳頭的橋欄裝飾「擬寶珠」。或是家裡來了遲遲不走的客人，古人也會把掃把倒過來放，再拿手拭巾披在掃把上。這些都是日常生活常見的「咒術」，江戶時代流傳許多這類民間信仰，內容五花八門。

比如將小黃瓜放入河川，送給河童，就是一種能免於遭遇水禍的咒術。頭痛時拿菖蒲葉做成的箭矢插在頭髮上，又是另一種消除頭痛的咒術。現代人仍經常掛在嘴上的「智仁武勇」，就是打從江戶時代起家喻戶曉的咒語 *。晴天娃娃也是類似咒術之一，江戶時代的人已經會將晴天娃娃掛在屋簷下，祈求雨過天晴。

＊譯註：小孩受傷時，家長或保母嘴裡唸著「智仁武勇」或「疼痛飛走了」，相信可以藉此消除疼痛。

第五章

一整年都在
進行的活動

除了按照季節進行的節慶活動外，江戶人也有一年到頭都在進行的各種娛樂與文化活動。人們去「見世物小屋」參觀，出門旅遊，吃外食，發行類似現代報紙的「瓦版」讀物……透過本章深入了解江戶人平時熱愛的娛樂活動，想必能更加理解他們的日常生活。

有偽造，有詐欺，
看了讓人嚇一跳的見世物小屋

符合條件者 ▷	鄉民	農民	武士	皇家	其他	符合之時代 ▷	江戶前期	江戶中期	江戶後期

 ### 就算被騙也能笑笑看開
這就是道地江戶人的真性情

寺廟、神社舉辦祭典時，社寺區域內都能看見名為「香具師」的露天攤販，擺出各種吸引參拜者的攤位。「見世物小屋」就是其中一種。小屋內的展示品大致可分為三種——其中，宛如現代馬戲團空中飛人的「輕業」、魔術表演「手品」等「特技表演類」還算是正常的表演。「細工」系列的展示物通常以外國人為題材的「籠細工」或栩栩如生人偶最受歡迎。用大象、駱駝或豹等當時罕見動物作為題材的藝術品也不少，人們經常大排長龍，等著欣賞這些有時令人看了心生畏懼的展示品。

然而，所謂的「見世物（展示物）」裡，卻也不乏誑騙客人的東西。例如，號稱屋內有「舉世罕見的大穴子魚」，騙得客人支付「木戶錢（門票錢）」後，進去一看才知道只是在小屋裡挖了個「大」洞「穴」，再放上小孩「子」造型的人偶，用諧音字組

合成的「大穴子」。這種玩文字遊戲的愚蠢玩意還不少。<u>然而，要是為了這種小事生氣，可是有損江戶人名聲的事，在那個時代，人們即使上當也會笑笑看開。</u>除了上述騙人玩意外，「見世物」中還有讓打扮成花魁的女人身上爬滿蛇的「蛇女」等撩撥人們好奇心與好色心的類型。

和現代人喜歡的遊樂園「鬼屋」有異曲同工之妙的「妖怪屋敷」，也是見世物小屋的一種。江戶時代的妖怪屋敷裡，除了有用機關人偶打造的妖怪外，還有用手指戳破假的野獸腹部，生食其中臟腑的「鬼娘」，或是在竹枝綁成的支架上貼薄紙做成的「大蛇」等。昏暗的小屋裡，光是這些機關道具就夠上門遊客害怕了。

見世物小屋的另一個賣點「天然奇物」，起初確實只是想用奇形怪狀的東西刺激人們的好奇心，後來漸漸誇張起來，開始以畸形的人體為展示品。隨著時代變遷，這類特殊展演不再符合風俗民情，見世物小屋這個行業也就逐漸衰退消失。

見世物小屋的外觀

煽動路過行人的好奇心

在見世物小屋入口攬客的人一口天花亂墜的說詞，總能巧妙勾起人們想一窺究竟的好奇心。

展示物的招牌

掛上畫有展示物內容的招牌，表示這間見世物小屋目前正在進行哪些展示。

在神社區域內擺攤

神社內舉行祭典儀式時，就會出現幾間這種見世物小屋。因為可以用便宜的價錢看表演，見世物小屋也成為許多來參拜的人期待的重頭戲之一。小屋中也有讓小孩或女人感到驚恐的展覽及演出。

在簡易小屋中舉行活動

用粗圓木組成小屋，上面覆蓋「菰」（草蓆）的簡易小屋。

攬客

負責攬客的人，講著一口天花亂墜的廣告詞，吸引人們前往小屋參觀。雖然其中有騙人的攬客手法，由於也有人以被騙為樂，所以稱不上是犯罪。

看戲

旅行

花街

興趣嗜好

公共設施

遊樂

各式各樣的見世物藝人

誕生於江戶的各種街頭表演

包括「曲藝」及「輕演劇」等，見世物的演出中有不少需要高度技巧的表演者，當然，也同時存在誆騙觀眾的假貨。

見世物舞台

見世物藝人

以日常生活中看不到的珍奇表演或詭妙演出取悅觀眾的藝人。其中也有做出恐怖演出，使女人小孩心生恐懼的表演。

主持人

在藝人出場前炒熱氣氛，或和藝人一起上台，介紹演出內容的人。

各式各樣的見世物藝人

蛇女

放蛇在身上爬行，最後讓蛇鑽進陰部的藝人。原本多半是遊女，也有人乾脆打扮成花魁模樣。

花咲男

又稱為「梯子屁」，是能跟著節奏放屁的特技藝人，奇特的演出擄獲江戶人的心。曾經因為花咲男的生意太好，附近見世物小屋紛紛倒閉的事情發生。

鬼娘

用手戳破或撕破野獸肚腹，在觀眾面前豪邁吃掉內臟的表演。據說實際上使用的是雞內臟。

<table>
<tr><td>

**各種騙人的
見世物**

</td><td>

其中不乏令人苦笑的演出

也有玩諧音哏或文字遊戲詆騙參拜客的見世物小屋。即使如
此，江戶人依舊樂此不疲，前仆後繼前往參觀。

</td></tr>
</table>

諧音或文字遊戲

被人類抓到的河童
號稱「抓到舉世罕見的河童」在小屋中展
示，吸引遊客進去一看，才發現只是抹了
油的雨衣（日語中「雨衣」與「河童」發
音相近）。江戶人很容易被巧妙的諧音或
文字遊戲欺騙。

大穴子魚
進入小屋一看才發現，原來攬客人口中
「舉世罕見的大穴子」，只不過是挖一個
大洞穴，在裡面放上小孩子造型的人偶。
玩了「大穴」「子」的文字遊戲。

六尺長的大鼪鼠
號稱「抓到了六尺長的大鼪鼠」，客人被
這番說詞吸引，走進小屋一看，原來只是
在雨窗板上塗抹血漿（日語中「大鼪鼠」
與「大板上的血」發音相近）。

設置機關

攬客的人說「木頭做的水鳥真的會游
水」，說動客人買下寫了「製作木頭水鳥
方法」的紙。乍看之下，木頭做的水鳥浮
在水面，好像真的會游水，其實是用繩子
在下面綁活鯽魚的簡單機關。

參拜順便觀光！
一箭雙鵰的江戶式旅遊

符合條件者	鄉民	農民	武士	皇家	其他	符合之時代	江戶前期	江戶中期	江戶後期

 ### 靠雙腿移動的江戶旅遊
江之島已是人氣觀光勝地

江戶時代各地設有關隘，有句俗語叫「入鐵砲出女」。嚴格管制槍械鐵砲進入江戶，當然是為了預防叛亂，而對離開江戶的女人進行嚴格調查，則是為了防止被帶來江戶當人質的大名妻女潛逃回鄉。

當時的江戶，就像這樣對人口移動有著嚴格的限制。即使只是一介庶民，想外出旅遊也得先向町名主（管理掌控整個町的官員）提出申請。提出申請之際，必須清楚說明目的地、旅遊目的和旅遊期間。話雖如此，做任何事都有辦法鑽漏洞，只要以參拜伊勢神宮的名目申請旅遊，很容易就能獲得許可。人一旦出了遠門，順道去個溫泉或觀光也是人之常情。

有個地方既能同時滿足信仰與觀光雙重目的，距離又不太遠，出門一趟能在兩三天內回來，深受江戶人的喜愛，這樣的觀光勝地就是江之島。就算到了現代，江之島也是最適合東京人出門小旅行的地點。江之島的江島神社每逢巳年與亥年就會舉行「御開帳」，幾乎是每隔6年一次，民眾就能在此目睹平常看不到的弁財天神像。此外，去江之島還可順道前往鎌倉或金澤八景觀光，或是拉遠一點到箱根旅遊也很方便。

根據期間與目的地的不同，江戶人旅行時往往得準備許多用品。身上穿的「股引」、「腳絆」、「草鞋」是最基本的行旅裝扮，當然還得帶上換洗衣物。防曬用的斗笠、下雨天穿的雨衣也是必需品。此外，還要攜帶錢包、扇子、藥品、燈籠與蠟燭等日常用品，林林總總打包成一大行囊。雙肩揹起前後各一個裝了行囊的小型柳條行李箱，就這樣踏上旅途。

江戶時代人們健步如飛，據說一天可走7～15里（約現在的27～59公里）。在東海道這邊，以日本橋為起點，走到京都的三條大橋，距離大約是120里（相當於現在的470公里）。這麼遠的路程，當時的人差不多15天就能走完。

江戶人的行旅裝扮

這就是江戶人的旅遊造型

旅人的固定裝扮，因應險峻山路及長途旅行可能遇上的危險。

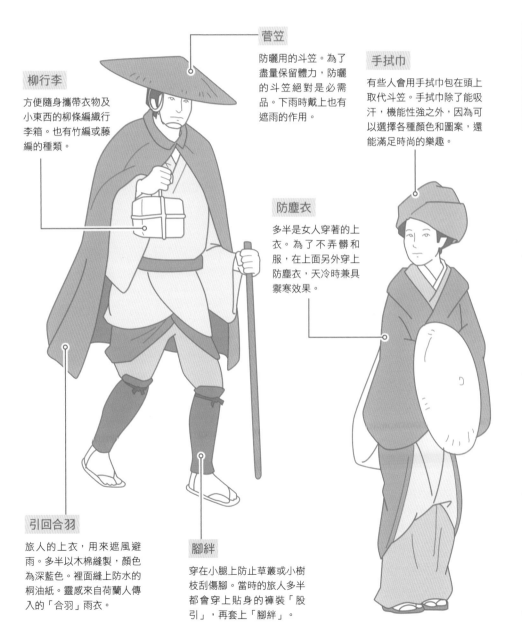

菅笠

防曬用的斗笠。為了盡量保留體力，防曬的斗笠絕對是必需品。下雨時戴上也有遮雨的作用。

手拭巾

有些人會用手拭巾包在頭上取代斗笠。手拭巾除了能吸汗，機能性強之外，因為可以選擇各種顏色和圖案，還能滿足時尚的樂趣。

柳行李

方便隨身攜帶衣物及小東西的柳條編織行李箱。也有竹編或藤編的種類。

防塵衣

多半是女人穿著的上衣。為了不弄髒和服，在上面另外穿上防塵衣，天冷時兼具禦寒效果。

引回合羽

旅人的上衣，用來遮風避雨。多半以木棉縫製，顏色為深藍色。裡面縫上防水的桐油紙。靈感來自荷蘭人傳入的「合羽」雨衣。

腳絆

穿在小腿上防止草叢或小樹枝刮傷腳。當時的旅人多半都會穿上貼身的褲裝「股引」，再套上「腳絆」。

旅途中的道具

江戶時代庶民之間流行旅遊，因此誕生了不少方便攜帶的旅遊道具。

柳行李裡的東西

行李箱裡放的東西，除了換洗衣物，還有零錢包、筆記本等隨身攜帶的小東西。重量輕又堅固耐用的柳條行李箱機能性強，是旅遊時不可或缺的用具。

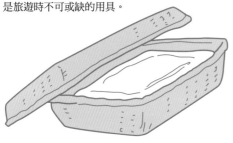

小田原提燈

為了讓在東海道旅遊的人安全走過箱根夜路，這種提燈就此誕生。蛇腹形的設計可壓扁攜帶，減少行囊體積。手把還能拿來收放蠟燭。

零錢包

名為「早道」的零錢包，設計為袋狀，上半部裝零錢，一扭轉零錢就會掉下來。頂端捲成筒狀，可供腰帶穿過，隨身攜帶也不怕遺失。

矢立

成套的簡易筆墨。就像現代人帶鋼筆一樣，這種能隨身攜帶的文具對江戶人來說也非常重要。

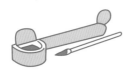

印籠

裝藥的小盒子。附有名為「根付」的掛帶，可將印籠掛在腰帶上隨身攜帶。

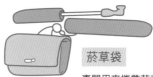

菸草袋

專門用來攜帶菸草的袋子。也有能連菸斗一起裝的筒狀款式。江戶人視其為腰間裝飾品，外觀設計愈獨特愈受歡迎。

導覽與地圖

名為「道中案內圖帳」，是出外旅行時絕對不能忘記帶的必需品。多半以繪圖方式呈現，和今天的地圖及導覽手冊發揮相同功能。

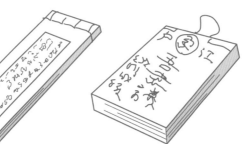

旅遊筆記本

江戶時代很多人會在旅行時留下名為「道中記」的紀錄。寫下自己旅遊途中所見所聞、遇到什麼人或吃到什麼罕見食物，買了什麼伴手禮等印象深刻的事。

受歡迎的旅遊地點	也有從江戶時代至今始終人氣的觀光勝地

箱根、江之島、伊勢神宮等，都是庶民嚮往的旅遊勝地。除了泡溫泉養生或參拜等目的，還可以品嘗美食、欣賞美景。

箱根溫泉

從江戶或橫濱出發的人去箱根交通很方便，箱根又是能欣賞富士山景色的溫泉地，成為當時庶民嚮往的旅遊目的地。值得一提的是，當時的溫泉理所當然男女混浴，看到泡在溫泉裡的日本人，外國人大吃一驚。

開帳

平常不對外公開的祕佛，特別對大眾開放。舉例來說，回向院（墨田區）的善光寺如來開帳吸引了 1603 萬人次前往參拜，而當時的江戶人口數量頂多 100 萬人。

伊勢參拜

前往伊勢神宮＊參拜可說是江戶民眾之間的一大風潮。參拜後，很多人順道造訪觀光名勝，有些人甚至花上 3 個月的時間長期旅遊。江戶時代，有人創立「伊勢講」組織，某些地區的人還會選出代表，用募集來的錢代表眾人前往參拜。

江之島

從江戶出發前往江之島享受三天兩夜小旅行，這樣的行程深受江戶民眾歡迎。江之島也以音樂與福智女神「弁財天」的靈地而出名，因此成為熱門景點。許多學習才藝的女性都為了參拜弁財天而前往江之島旅遊。

＊譯註：伊勢神宮位於三重縣，包含內宮及外宮兩大區域，內宮祭祀皇室祖神天照大御神，外宮祭祀守護衣神住的神明豐受大御神。

非官方，非正式的
江戶人氣酒店「岡場所」

符合 條件者	鄉民	農民	武士	皇家	其他	符合之 時代	江戶前期	江戶中期	江戶後期

 無法前往吉原的庶民
紛紛來到「岡場所」

江戶幕府官方認可的遊郭就是公娼街，吉原是江戶唯一的公娼街，約有2000～3000名左右的遊女（妓女）隸屬於此。然而既然是官方認可，等級也就比較高，「揚代」（叫遊女或藝妓來玩的金額）並不便宜。此外，吉原本身的規矩也很多，不是一般庶民能隨便進去玩的地方。於是，私娼聚集的非官方、不合法「色街」（妓院聚集的場所）應運而生，這就是「岡場所」。以「男人輕易就能前往的風月場所」這點來說，或許和現代有年輕公關小姐陪酒的酒店差不多。

岡場所開設得愈來愈多，上門消費的人也增加了，對吉原而言，這可是個大問題。在吉原的施壓下，幕府嚴格取締岡場所，受打壓的岡場所倒閉，不久重新開張，一再反覆這樣的過程，有些岡場所甚至苟延殘喘到幕府末期。據說全盛時期，整個江戶市區約有70個岡場所。

江戶初期，政府整頓了以日本橋為起點，通往全國的5條街道，並設置「宿場町」*。分別是起點為品川（東海道）、內藤新宿（甲州街道）、板橋（中山道）、千住（奧州街道、日光街道）的4個宿場町。宿場町內也有官方認可的遊女「飯盛女」。江戶中期，品川約有500個飯盛女，由於這裡距離市中心不遠，不只庶民，連武士都常來光顧。

私娼不只出現在四宿或岡場所之類的「色街」，還有一種叫「街娼」的私娼，例如夜晚站在路邊賣春的「夜鷹」，或是提著重箱便當假裝賣吃的，實質上是賣春的「提重」，都是街娼的一種。

比較特殊的是深川的藝妓們。深川位於江戶東南（辰巳）方，所以她們又被稱為「辰巳藝者」，為自己取「蔦吉」、「仇吉」等男人名字，以風流瀟灑為賣點。這些辰巳藝者也是賣春遊女的一種。

* 譯註：宿場就是古代的驛站，類似近代的休息站，宿場町為宿場聚集的地方。

「色街」上的各種職業

即使遭到取締，依然大受歡迎的風月場合

宿場或岡場所中存在許多幕府官方不承認的私娼。因為比官方公認的吉原門檻更低，受到一般民眾歡迎。

飯盛女

往來街道上的宿場中的私娼，一方面在宿場當服務生或打雜，一方面也賣春。江戶中期，尤以品川的飯盛女最多，據說多達500人，實際上可能更多。

藝妓

表演歌唱或三味線等才藝，在宴席上帶動氣氛的女藝人。扮演的角色與遊女明顯不同，多半被視為「賣藝人」。

夜鷹

不在宿場等地方，而是夜晚在街頭賣春的私娼。身穿黑色和服，頭上披著手拭巾，再把手拭巾的一角咬在嘴裡，這就是夜鷹的典型打扮。

陰間

意指男娼。江戶時代，尤其是都會地帶，有些地區對男色較為寬容，男娼賣春的「陰間茶屋」群集。不少尚未走紅的年輕演員以此為副業，在陰間茶屋兼職賣春。

147

從攤販到居酒屋，再到高級料亭！種類豐富的江戶外食內幕

| 符合條件者 ▷ | 鄉民 | 農民 | 武士 | 皇家 | 其他 | 符合之時代 ▷ | 江戶前期 | 江戶中期 | 江戶後期 |

隨著單身男人的增加
提高了對外食的需求

江戶市街上開始出現餐飲店，是明曆3（1657）年發生了明曆大火之後的事。包括在「參勤交代」*制度下單身赴任的諸國武士在內，當時江戶的單身男人愈來愈多。對外食的需求提高，路上先是出現挑扁擔賣小吃的小販，接著又出現餐車攤販，最後開始有了餐飲店。

在江戶，受歡迎的食物有蕎麥麵、壽司、天婦羅和鰻魚等，這些都曾是路邊攤販賣的食物。原本江戶人吃的是蕎麥糊，後來切成麵條食用的蕎麥麵才成為主流。每到夜晚，賣蕎麥的「夜鳴蕎麥」也會出現。

壽司也是廣受喜愛的食物。初期是在鹽漬過的魚肚中塞進米飯，用重石壓在上面發酵為「馴鮨」。因為發酵過的氣味特殊，有人喜歡有人無法接受，一度演變為在米飯裡加醋攪拌，只用重石壓一個晚上的「早鮨」。最後，只要在醋飯上放生魚片就能快速完成的「握鮨」出現，引爆流行。

天婦羅給人的印象是在室內吃的東西，然而，江戶火災多，必須使用大量油炸的天婦羅其實禁止在室內營業。另外，江戶也很流行把天婦羅或蒲燒鰻魚放在裝了白飯的碗公裡販賣的丼飯類。

據說，江戶的外食餐廳始於淺草寺門前賣的奈良茶飯（奈良的在地料理，是一種炊飯）。此類餐廳的型態類似現代定食屋，採取簡易的食堂形式，又稱為「一膳飯屋」。

當時居酒屋只賣酒，不賣下酒菜等食物。於是出現了專賣配菜的「煮賣屋」或「煮締屋」。這種店對不知下廚為何物的單身男人而言，可說是非常寶貴的存在。外食產業持續發展，料理屋、茶屋或高級料亭陸續誕生。庶民可以隨意前往路邊攤及小料理店享用外食，另一方面，注重形式，講求派頭的武士或富裕商人就去高級一點的餐廳。配合各自的身分地位，所有江戶人都享受起外食的樂趣。

---

* 譯註：江戶時代制度，幕府要求地方大名定期前往江戶執行政務，藉此箝制地方勢力，也因此活絡了江戶經濟發展。

江戶的外食產業

外食文化於江戶時代成形

居酒屋與輕食路邊攤「往來」於此時誕生。其中最受庶民喜愛的「四大名物食」就是壽司、天婦羅、鰻魚和蕎麥麵。

看戲

旅行

花街

興趣嗜好

公共設施

遊樂

居酒屋的情景

起初是酒行在店裡供應酒類，後來漸漸形成居酒屋。最早居酒屋中的店員都是男人，沒有提供下酒菜等食物。居酒屋在單身男性特別多的都會區生意特別好，同時也出現了專門提供菜餚的「煮賣屋」或「煮締屋」。

「往來」的人氣食物

天婦羅

用竹籤串起的炸天婦羅，給人「吃點心」的感覺，庶民經常隨手買來吃。拿來炸的食材有穴子魚、花枝、鯽魚等，多半是江戶近海常見的魚類。

蒲燒鰻魚

誕生於「往來」的名產。在江戶時代中期之前，鰻魚仍以鹽烤或味噌燒烤的方式為主流。元祿時期開始淋上重口味的醬油，蒲燒鰻魚成為深受庶民喜愛的食物。

早鮨

當初因為魚腥味，壽司不太受歡迎。後來發展出只把魚片放在醋飯上壓一個晚上的「早鮨」，接著，使用新鮮生魚和米飯捏成的「握鮨」就此誕生。

從嗜好品到日用品，什麼都賣的「行商人」就是移動式便利商店

一整年都在進行的活動 其五

符合條件者 ▷	鄉民	農民	武士	皇家	其他

符合之時代 ▷	江戶前期	江戶中期	江戶後期

 ### 街頭小販配合季節做生意
夏天跟冬天各有不同商品

現在路上到處有便利商店，無論是日用品還是嗜好品都能輕易買到。江戶時代，發揮類似便利商店作用的，就是挑著扁擔販售商品或提供服務的街頭小販「棒手振」，以及各種移動店鋪。江戶街頭隨處可見各式各樣的路邊攤販。

為了吸引客人上門，小販們多半有獨特的叫賣口訣或廣告歌謠。其中最具代表性的例子就是賣豆腐或賣納豆的小販。在還沒有手錶的時代，街頭小販的叫賣聲也有報時的效果。

賣魚與蔬菜的街頭小販除了在大街叫賣，還會深入巷弄。賣魚的小販應客人要求幫忙切魚，沒法自己開一家蔬果行的菜販用沿街叫賣的方式兜售商品。庶民也常向街頭小販購買日常生活用品。江戶庶民惜物愛物，即使東西用壞了，也傾向修好再用。因此，街頭小販中不乏幫忙磨菜刀、鋸子和剪刀的「研屋」，也有修理鍋子、

水壺的「鑄掛屋」。

販賣這類日常用品的街頭小販一整年都可看見，除此之外，也有配合不同季節販售的商品。

這些季節性商品一出現在市面上，等於告知鄉民「新的季節到來」。例如元旦來臨前，街上就能看到「賣寶物的小販」，兜售寶船上載七福神的畫等帶來好兆頭的商品。想在新年「初夢」裡夢到好東西的庶民們往往爭相購買這類東西。此外，3到4月會有賣新苗的小販，販賣小黃瓜或茄子、南瓜及牽牛花的幼苗。

到了初夏時分，伴隨清涼的風鈴聲，賣風鈴的小販開始現身街頭，推著掛滿風鈴的攤車。七夕有賣竹竿的和賣蚊帳的，這些小販都成為人們耳熟能詳的夏日風景。也有賣金魚或昆蟲等活物的小販。寒冷季節裡，兜售甜酒釀或紅豆湯的小販出現。熱騰騰的紅豆湯夏天銷路不好，賣紅豆湯的小販到夏天就改賣冰涼的「水玉」（用做烏龍麵的麵粉揉成麵疙瘩，水煮過後淋上糖水的甜點）。

賣食物的小販

當令食材最受庶民歡迎！

江戶時代，街頭小販兜售各式各樣的食物。小販常以顯眼裝扮與巧妙話術吸引路過行人。

賣新海苔的

剛從江戶大森採到的當季新海苔一到貨，立刻有小販挑著扁擔上街叫賣。寒冷時期採收的新海苔香氣十足，滋味醇厚，是當時的人氣商品。

賣白酒的

在街頭販賣白酒的小販。把酒裝在碗裡，供應給搬運工或工匠，客人站在路邊當場喝起來。有些小販還會打扮成歌舞伎演員的樣子，吸引路過行人駐足。

賣辣椒的

辣椒形狀的容器裡，放著一小包一小包的「七色唐辛子」辣椒粉。這是在辣椒粉裡加入山椒粉、黑芝麻等7種原料的香料。有些辣椒小販還會因應客人喜好調整配方比例。

賣魚的

帶著從日本橋魚市場「魚河岸」進貨的鮮魚，家家戶戶兜售。只要客人提出要求，也會幫忙殺魚切魚。賣魚的如果無精打采，怕給客人「魚不新鮮」的印象，所以賣魚小販往往頭上纏著頭巾，精神抖擻，動作俐落。

日用品小販

買賣方式論斤計兩，只買需要的分量

從日常生活不可或缺的必需品，到追求時尚的流行服飾，街頭小販什麼都賣什麼都不奇怪。

賣文庫的

「文庫」是一種上面繪有家徽，用來裝書的箱子，多半用來收納「戲作本」（通俗小說等大眾讀物）或「曆本」（曆法書），有時女性也會拿來裝小東西。

賣零碼布的

販售裁製和服時剩下的碎布頭、零碼布。販賣方式是將布料掛在扁擔兩端，沿街叫賣。因為價錢便宜，深受住在裏長屋的女人喜愛。

賣油的

把油裝在桶子裡量販的商人。從燈油到食用油，各種油品都有，以扁擔挑著沿街叫賣。買油的客人會自己帶容器來裝。

賣醬油的

把醬油或鹽、調味料等裝在桶裡，用扁擔挑起沿街喊著「醬油喔～醬油～」叫賣。賣的時候秤重賣，有時也賣酒。

還有賣這些東西的

情書、昆蟲也能當作商品

除了食物與日常生活用品，街頭還有一些販賣奇特物品的小販。他們的身影分別成為季節風景，深受庶民喜愛。

看戲

旅行

花街

興趣嗜好

公共設施

遊樂

賣風鈴的
在攤子上掛大量風鈴四處叫賣。玻璃球體狀的風鈴發出清脆的聲音，受到這股清涼感的吸引，很多江戶人忍不住就買了。

賣「懸想文」的
所謂的「懸想文」，簡單來說就是用情書形式寫成的祈禱文，買懸想文的人希望藉此討個吉利，獲得良緣。每年正月都會有穿上白衣的年輕人，將懸想文綁在梅枝上兜售。

玉屋
用無患子的果實煮成液體沿街叫賣的小販。這種液體就像現在的泡泡水，用管子一吹就能變成在空中飄的泡泡，很討小孩子的歡心。

賣昆蟲的
以鈴蟲（蟋蟀的一種）、蟋蟀、金龜子、螢火蟲等蟲類為商品。江戶時代庶民喜歡在秋天夜晚聆聽蟲鳴，既有納涼效果也是一份雅趣。就連貧民之間也流行養蟲。

| 符合
條件者 ▷ | 鄉民 | 農民 | 武士 | 皇家 | 其他 |

| 符合之
時代 ▷ | 江戶前期 | 江戶中期 | 江戶後期 |

 **不分男女，人人菸管在手
隨興享受吸菸樂趣**

對江戶的人們來說，一提到「嗜好品」，第一個想到的一定是菸草。桃山時代，葡萄牙人將菸草傳入日本，日語中的菸草讀音「TABAKO」正來自葡萄牙語的「TABACO」。江戶初期出現了菸草店，吸菸的習慣瞬間普及社會大眾之間。當時，吸菸的方式是把碎菸草塞進菸管中點火來吸，江戶人不分男女老少都愛上了吸菸，隨興享受吞雲吐霧的樂趣。

然而，除了房屋多為木造外，江戶刮的是乾風，天乾物燥容易引發火災，使江戶人比現代人更注意火源。菸草因此被視為大敵，幕府多次頒發禁菸令，可惜毫無效果。不只如此，人們開始對菸管「羅宇（放入菸草的細長管狀部位）」設計及菸草盆等吸菸器具講究起來，只要是出自一流工匠之手的器具，即使造價昂貴仍大受歡迎。山城、伊賀、丹波等菸草知名產地誕生，菸業成為一大產業。

同時，江戶時代也是「喫茶」習慣普及大眾的時期。江戶初期，庶民喝的「煎茶」用的是製造抹茶剩下的茶葉，價格比較便宜，顏色也偏黑。到了江戶中期，宇治的永谷宗円發明嶄新製茶方法，喝茶的主流從此由抹茶轉移為煎茶。

除了抽菸喝茶，江戶時代的人們還非常喜歡吃點心。他們通常在下午2點左右吃點心，稱其為「間食」。這個時段正好是去寺子屋上課的孩子回家的時間，晚餐前先吃點零食墊肚子。吃的東西要看個人家中經濟狀況，不過大多是日式小饅頭、大福餅等甜食，或是吃水果當零食。和菓子點心中最常見的羊羹也是其中一種。初期的羊羹是蒸羊羹，後來才出現用寒天製作的凍凝羊羹。

用雜糧與麥芽糖等做成的小點心是江戶時代庶民及兒童最常吃的下午點心。只有高級點心才能使用白砂糖，一般零嘴就用黑砂糖製作。

戒不掉的嗜好品

比酒或茶更流行的菸草

菸草於江戶時代從葡萄牙傳入日本，儘管幕府為了預防火災嚴加取締，江戶男女的吸菸率依然居高不下。

吸菸必備的器具

火皿

入菸葉點火引燃的部位。將菸葉細細切碎的「細刻」，是傳入日本後才發展出的獨特吸菸文化。伴隨這個文化出現的「火皿」體積也輕薄短小。

羅宇

連結菸管吸嘴與火皿的中間管狀部位。身分地位高的武士或富商對羅宇特別講究，偏好購買刀劍或鎧甲工匠製造的昂貴羅宇

吸口

菸管的吸嘴部位。一般來說，火皿與吸口為金屬製，羅宇的原料則是竹子。

箱型菸草盆

吸菸時用來點火的器具叫「火入」，用來放菸灰的器具則叫「灰吹」。菸草盆就是用來放置整套「火入」與「灰吹」等吸菸器具的用品。箱型菸草盆最為常見，有錢人還會使用塗漆或畫上金蒔繪的豪華設計菸草盆。

瓦版就是江戶時代的 八卦小報

一整年都在 進行的活動 其七

符合 條件者	鄉民	農民	武士	皇家	其他	符合之 時代	江戶前期	江戶中期	江戶後期

 以時事性、速報性為賣點 是江戶庶民熟悉的媒體

說到江戶的大眾傳播媒體，那就不可不提「瓦版」。瓦版指的是一種以木板印刷而成的讀物，也有人認為它是現代報紙的源頭。瓦版又稱「讀賣」，街頭販售瓦版的小販也叫「讀賣」。據說瓦版最早發行於江戶初期，當時的專題報導內容正是著名的「大坂夏之陣」*。

幕府或町奉行等政府機關以「御布令（御觸）」方式傳播訊息，除了御布令之外的媒體都不算合法。不過庶民爭相搶購的卻是瓦版，從時代劇中就可看到「讀賣」小販叫賣瓦版的橋段，不過，這在當時可是未獲得官方許可的違法讀物。販售瓦版的小販總是兩人一組，以斗笠遮掩頭臉，一人負責銷售，一人負責把風。

與現代報紙相較之下，瓦版比較接近八卦小報，報導內容多半站在庶民的立場，以吸引眾人矚目的事件為主。其中最受歡迎的正是醜聞八卦、

以時事為題材的諷刺針砭文章或真偽難辨的奇事怪談。內容多采多姿，種類繁多，正因如此廣受大眾喜愛。

最常見的題材是報仇，其中尤以女性的復仇最受讀者歡迎。瓦版最大的賣點就是緊跟時事，快速報導，在那個流行殉情的時代，瓦版積極報導男女殉情的消息。此外，報導大規模地震或火災時，提供災難發生時的詳細資訊也是瓦版的特徵。例如安政大地震時，瓦版就曾配合民眾要求，報導了各地詳細的起火狀況。另一方面，在瓦版上流通的假消息也很多。比方說，哪裡出現了妖怪或鬼魂等奇聞異事，這種內容的報導雖然真偽可疑，讀者卻也最愛看。

到了幕府末期，包括黑船來襲，國內政局動盪等內容也紛紛出現在因應時事的瓦版上。不過，描繪在紙面上的是爭奪寶物玩耍的孩子，藉此暗示幕府與維新政府的衝突與戊辰戰爭的戰局。這種趣味性的表現手法，也是瓦版特有的韻味。

* 譯註：江戶時代初期，德川幕府為了消滅豐臣家而發起的戰役。

吸睛的版面

從災難速報到妖怪現身的小道消息

起初，瓦版的大多數報導只是空穴來風的鄉野謠言。漸漸地，也開始向民眾傳達災害速報及政局變化等時事。

災害速報

火災頻傳的江戶時代，瓦版發揮了及早發布受災地區地圖及迅速傳遞受災狀況的媒體機能。

殉情事件

庶民最感興趣的殉情事件。由於擔心報導內容招來民眾對體制的批判，幕府對這類內容取締得很嚴厲。

報仇事件

最受讀者歡迎的，大都是兄長遭人殺害，妹妹在苦練劍術6年後於淺草殺敵報仇等女性復仇故事。

政爭

黑船來襲、禁門之變、戊辰戰爭……儘管仍在幕府的規制管理下，透過瓦版，這類政治社會新聞漸漸傳播入民間。

妖怪出沒

瓦版經常刊登妖怪出沒的內容。這是因為江戶人將妖怪傳說視為娛樂對象，以滑稽的妖怪姿態取樂。

嘲諷社會

以孩子相爭寶物的圖畫暗諷幕府軍與維新政府之間的攻防——這類諷刺畫也很受讀者歡迎。

不問身分裸裎相見！
錢湯是專屬成人的交際場所

符合 條件者	鄉民	農民	武士	皇家	其他		符合之 時代	江戶前期	江戶中期	江戶後期

江戶人就愛洗澡！
一天要洗好幾次

錢湯（又稱湯屋，即付費澡堂）於江戶登場，是天正 19（1591）年，德川家康入主幕府隔年的事。為了洗去從山下吹下關東平原的塵埃，江戶庶民逐漸建立到澡堂洗澡的習慣，形成澡堂普及的基礎。

初期澡堂以蒸風浴為主流。很快地，在浴池裡泡澡的方式變得更為普遍。一般澡堂中，清洗身體的地方和泡澡的浴池之間，有一道名為「柘榴口」的隔間。簡單來說，「柘榴口」是在牆板下方打開約莫 3 尺（90 公分）寬的開口，讓人蹲低身子鑽過的通道，為了避免蒸氣外流，經營澡堂的人想出了這個方法。同時，這也有不讓人看見澡堂內髒汙的意思。

澡堂營業時間從上午 6 點到傍晚 6 點。早上上門的多為下級武士及遊客，傍晚則多半是小孩子，晚上則以結束一天工作的商人或工匠居多。至於忙了一天家事的婦女們，得趕在打烊前才能來泡澡。初期男女混浴很普通，後來幕府擔心風紀敗壞開始禁止混浴，泡澡變成男女有別的事。

泡澡費用起初是 4～5 文錢，後期因物價上升攀升到 12～16 文錢，不過都只是吃一碗蕎麥麵的低價。也有每月支付固定金額就能不限次數洗澡的定期券（羽書）。就算日子過得窮困，也要把身體清洗乾淨，不愧是美學意識強烈的江戶人，其中甚至有人一天上澡堂好幾次。

不只長屋沒有浴室，為了避免火災，一般町家或武士家，基本上也不設置浴室。但是，錢湯是個不分身分地位高下，人人都可平等使用的地方。二樓設有須另外付費的包廂，對男人來說，這裡也是社交場合的一種。武士也好、鄉民也好，眾人裸裎相對，洗完澡後下下圍棋或將棋，還可以彼此交換一些情報。此外，拿到今天來看或許會釀成嚴重問題，當時有些澡堂還會故意在二樓地板上鑽小洞，好讓男人偷窺女人洗澡。

澡堂內部裝潢

泡澡不拖拉！江戶人愛洗戰鬥澡

江戶時代的澡堂「湯屋」生意非常好，澡客不會在裡面泡太久，如戰鬥澡般速戰速決，快點洗完出來才是當時的主流。

柘榴口

澡客進出時必須蹲低身體，才能進入浴池浸泡身體。當時，人們習慣用柘榴醋擦拭鏡子，稱為「鏡要」，發音正好與「蹲低進入」相近，就把這道門取名為「柘榴口」。

上場

除了浴池外，另外準備的熱水槽。在清洗身體的地方把身上汙垢都洗乾淨後，很多人會先來這裡，用水槽裡的熱水沖一下身體。

三助

負責幫人擦背，沖水的人。有時也會應澡客要求，提供按摩身體的服務。

番頭

坐在番台（櫃台）上收錢的人。常有小偷以澡客的高價衣物或錢財為下手目標，番頭必須隨時盯著全場。

脫著衣場

這裡的地板比地面高一階，澡客站上來脫掉衣物。洗場與脫著衣場之間鋪了竹子棧板，達到瀝水的作用。

洗場

用水桶水瓢舀水清潔身體的地方。地上有細細的溝槽，用過的髒水會沿著溝槽流掉。

看戲

旅行

花街

興趣嗜好

公共設施

遊樂

一整年都在 進行的活動 其九		插花、三味線、品茶── 江戶的才藝補習班

符合 條件者 ▷	鄉民	農民	武士	皇家	其他	符合之 時代 ▷	江戶前期	江戶中期	江戶後期

 ### 太平盛世，才藝班生意興隆
庶民每天都在上課與練習

天下一太平，庶民花時間做的事也有所改變，學習才藝正是其中之一。江戶的人們依照不同身分地位，熱中學習不同才藝，和現代人積極學習才藝培養專長差不多。

一開始，江戶庶民流行學劍術。失去主君的浪人劍客在各地開辦道場，吸引庶民上門學習劍術。劍道本是武士出人頭地的手段，在太平盛世倒成為庶民學習的才藝之一。

社會一進入穩定期，歌舞音曲、插花茶道等風雅的才藝就成為學習主流。為了替宴會增添氣氛，愈來愈多人開始學習長歌、端歌等以三味線伴奏演唱的「座敷歌」。庶民的行事曆上漸漸寫滿上課、排練的行程。

當時，商人或富農家的女兒受雇到武士宅邸或富裕豪商家工作是很普通的事，在這樣的趨勢引領下，為了能夠獨當一面，女人也開始學習禮節規範，這稱為「行儀見習」。除了學習符合禮數的遣詞用字，還要學習正確的坐站姿勢與行走儀態。此外，三味線、古琴、日本舞、茶道、花道……女人學起各式各樣的才藝。現代的「新娘學校」或許就來自當時的傳承。透過學習才藝，培養良好教養後，才稱得上是能獨當一面的女性。式亭三馬的滑稽本《浮世風呂》中，就曾有女性抱怨必須學太多才藝的描述，可見當時女人過得真辛苦。

眾多學習才藝中，最受歡迎的就是能用來為長歌等歌謠曲伴奏的三味線。受雇工作前，年輕女孩以學徒身分定期拜師學藝，教導才藝的師父也多為女性，自己年輕時經歷過一番「行儀見習」，在工作中繼續磨練技藝。另外，也有原本從事藝妓工作的師父。無論拜的是哪種師父，一般都要從自家前往「稽古場」*學習。有些男學徒醉翁之意不在酒，與其說是為了學習才藝，不如說趁機接近女師父。另一方面，擔任才藝師父的，也有不少武士富商的小妾。

* 譯註：意指學習、排練的地方。

全民瘋學才藝

從待嫁女兒到想受異性歡迎的男人都投入學習

失去職場的武士，開設道場教劍道維生後，江戶人開始有了拜師學藝的習慣。這或許可說是江戶版的才藝補習班吧。

各種才藝

三味線

人氣第一的才藝就是三味線。此外還有尺八、小調、長歌等音樂相關類型的才藝。商人或鄉民喜歡在宴席上表演歌謠曲，藉此炒熱氣氛。

劍術

屬於硬派的才藝，學劍術的多是町民或農民。江戶初期，宮本武藏開設劍術道場，引發一大流行。到了幕府末期，劍術再次吸引眾人學習。

圍棋與將棋

圍棋與將棋的學習受到幕府補助培植，以「知性遊戲」之姿深入民間。漸漸地，兩種才藝也在庶民之間普及，連澡堂二樓都盛行下棋社交。

品茶

隨著茶道學習的普及化，品茶開始脫離原本的茶道樣貌，呈現出帶有娛樂性質的「遊藝」特性。

看戲

旅行

花街

興趣嗜好

公共設施

遊樂

161

雖然沒有 Switch 也沒有 PS5，玩樂點子可不輸現代！

符合 條件者 ▷	鄉民	農民	武士	皇家	其他	符合之 時代 ▷	江戶前期	江戶中期	江戶後期

 ## 比起一個人安靜玩耍 基本上大家都會一起同樂

小孩子是玩耍的天才。江戶時代的孩子們，也在日常生活中發揮滿滿創意，創造各式各樣獨特的玩法。

在喜歡比拚高下的男孩子之間，「鬥紙牌」和「鬥陀螺」都是很受歡迎的遊戲。這類遊戲和現代的對戰遊戲或許有相通之處。另外還有一種「根木」遊戲，玩法是各拿一根削尖的木棒，輪流擲插在地上，朝地面拋擲時，還要用自己的木棒擊打對方的木棒，只要能將對方木棒擊倒就算獲勝，玩法類似鬥紙牌。

當時的玩具「竹馬」，名符其實是竹子做的高蹺，一般家長都能輕易完成。身手靈活的孩子們，一下就學會用單腳操縱竹馬了。

蜻蜓到處飛舞的季節，小孩子會把母蜻蜓綁在棍子上揮舞，藉此誘捕公蜻蜓。聽說只要有一隻母蜻蜓，想抓幾隻公蜻蜓都抓得到。正月的遊戲是放風箏，這也是男孩之間最典型的遊戲，玩心重的小孩，每天都會帶自豪的風箏到附近空地集合玩耍。

女孩子正月玩的是板羽球。在無患子的種籽上插一根羽毛，用羽子板對打，沒接到的人就算輸。女孩子的遊戲比較文靜，平常玩的東西多半取自身旁物品，像是拋接小沙包、翻花繩、彈玻璃珠等。

女孩們也玩拍球或踢球，起初只是把彩球往上丟，等掉下來時接住的拋接遊戲。後來出現有彈力的彩球後，開始把球朝地面丟或彈起來玩。

當時孩童在戶外必玩的遊戲有「鬼抓人」或「踩影子」。抓鬼的玩法是先選出一個人當鬼，鬼追著其他人跑，被鬼抓到的人就要當下一個鬼。踩影子玩法類似鬼抓人，不同之處只在把「抓人」的動作換成「踩影子」。至於室內遊戲，當時最流行的就是雙六和歌留多紙牌。

孩子們只要一有空，就會召集一群夥伴玩耍。習慣上，庶民的孩子只和庶民的孩子一起玩，武士或富裕家庭的孩子不會加入。

男孩的遊戲

眾多遊戲抓住江戶男孩的心

有些江戶孩子玩得專注忘我，還會不小心橫過武士大名的隊伍，或是朝武士潑水，引來一頓責罵。

看戲

旅行

花街

興趣嗜好

公共設施

遊樂

箍回

從廢棄木桶或木樽上取下箍圈，拿小樹枝推箍圈玩的遊戲。時常有小孩太專注推箍圈，不小心從大名隊伍中橫過，因而受到斥責。

竹馬

江戶時代，踩高蹺遊戲「竹馬」非常普及。這種踩在橫木上行走的遊戲，連現代人也耳熟能詳。厲害的人還能把其中一根竹馬扛在肩上，只靠單腳跳著玩。

釣蜻蜓

用繩子將母蜻蜓綁在棍子前四處揮舞，藉此引來公蜻蜓並加以捕捉的遊戲。

水鐵砲

模仿戰國時代用來消防滅火的「水鐵砲」，江戶時代的男孩們應用幫浦原理，拿竹子製成水鐵砲玩具，玩水消暑。

163

女孩的遊戲

享受色彩繽紛的玩具

女孩多半在室內遊玩，玩具重視漂亮的外觀與顏色，還有不少加了豪華裝飾的類型。

歌留多紙牌

歌留多紙牌發祥於歐洲。江戶時代衍生出花歌留多、伊呂波歌留多及百人一首等日本特有的紙牌。

御手玉

平安時代的主流是使用小石頭做的御手玉，到了江戶時代，則演變成把紅豆裝進小布袋裡，一次拋擲好幾個玩的小沙包型態。

毬突

「毬」是以五色絲線做成的彩球，色彩繽紛華麗。玩法是拿彩球朝地面拍打。彩球裡塞了棉花、苧殼和蒟蒻球，使其帶有彈力，會在地上彈跳。

鼬鼠遊戲

在對方握拳的手背上放上自己的手，嘴上唸著「扮鼬鼠，扮老鼠」的口訣，對方也做一樣的動作不斷反覆。

大家一起玩的遊戲

男孩女孩有時也會相親相愛一起玩

江戶時代也有很多讓男孩女孩一大群人一起玩的遊戲。各地方還誕生了獨特的當地遊戲口訣及規則。

毛蟲打滾

眾人排成一列，在最前面的孩子帶領下左右擺動身體，模仿毛蟲姿態往前走的遊戲。這種遊戲不用分勝負，玩到累為止。

抓小孩遊戲

當鬼的孩子必須衝破對方的隊伍，抓住後面的「小孩」。隊伍中扮演「父母」的人為了不讓小孩被抓走，必須設法阻擋「鬼」的前進。當後方的所有小孩都被鬼抓走，遊戲就告結束。下一輪由小孩被抓光的「父母」當鬼。

團團轉

兩人握著手，一邊互相拉扯一邊轉圈圈的遊戲。看誰先轉得頭暈目眩，倒下就算輸。也有眾人牽手形成一個大圓圈，同時拉扯轉圈的玩法。

用火缽烤地瓜吃！江戶時代 超土法煉鋼冬季避寒對策

用頭巾與手拭巾取代圍巾

　　江戶時代氣溫比現代低，再加上房屋為木造，冬季室內只能以「寒徹骨」來形容。即使有火缽之類的取暖用具，對於改善室溫還是有限。因此，江戶人不分身分地位高低，冬天流行起在室內穿「褞袍」，這是一種在兩層衣料間塞入大量棉花的厚重衣物。

　　男性外出時，在一般和服上加穿「袷羽織」（有裡襯的外套），女性則多披一件半纏（短版外套）保暖。用布料縫成帽子形的頭巾主要是女性使用的禦寒配件，也有人用手拭巾代替頭巾，或像現代圍巾一樣圍在脖子上。

　　天冷的日子吃溫暖食物暖身，這點倒是從過去到現代都沒有改變。當時，有些人會吃山豬肉，人們認為這麼做能增加身體的熱量。冬天必吃的點心「烤地瓜」也很受歡迎。

江戶人的
生活風格

江戶人時興舉辦各種活動，享受日常生活。在沒有公寓及各種便利器具的江戶時代，人們又是過著怎麼樣的生活呢。讓我們從長屋、生活用品與寵物這三方面，一窺江戶人的生活風格與樣貌吧。

沒有浴室也沒有廁所？

一般庶民居住的「裏長屋」

　　江戶市區分成武士居住的「武家地」、寺社擁有的「寺社地」和一般庶民生活的「町家（町人地）」。庶民人口雖占總人口的大約一半，以生活面積來說，武家地和寺社地卻占了總面積的八成，除去空地，町人地只佔不到兩成。

　　模仿京都城市設計，區隔成棋盤狀的江戶市區內，以四周有大馬路圍繞的60間（相當於現代的110公尺）範圍為「一町」。每一個町的大小，大約以面向大馬路的寬度「間口」5〜10間（相當於9〜18公尺），乘以深度20間（相當於36公尺）。町家的長屋由表長屋（表店）與裏長屋（裏店）組成。住在表長屋的是經濟狀況較寬裕的商人，一樓設置店鋪，二樓用來居住。而裏長屋則是一棟棟形狀橫長的建築，以薄壁隔間，說起來即是便宜的集合住宅，生活其中的多為生活貧困的庶民。

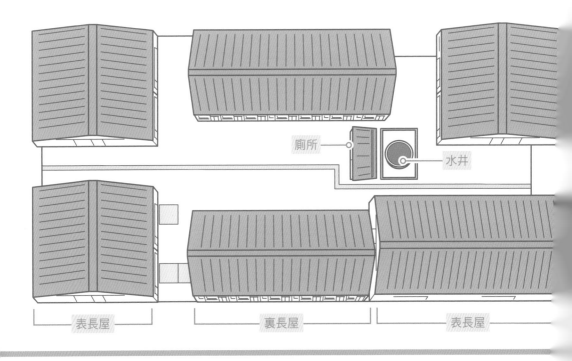

廁所　　水井

表長屋　　裏長屋　　表長屋

通往裏長屋的入口有一道 3 尺（90 公分）左右的木門。居民一般都從這道木門進出，只是為了防盜，開放時間有所限制。每天的早上 6 點打開，晚上 10 點關閉。

裏長屋裡，每一個房間進門後只有一小塊「土間」*，屋內空間也很狹小。別說壁櫥，連浴室和廁所都沒有。棉被折起來只能放在屏風後面，衣服則直接掛在牆壁上。剩下的空間用來放置燈籠等生活用品就差不多塞滿了。連一個人住都嫌狹隘的空間，往往勉強住著一家三口。

以填海方式擴大範圍的江戶，地下水中摻雜了鹽水，因此無法掘井。裏長屋的居民雖然有共用水井，井裡的水其實只是從神田上水或玉川上水引來的儲水。租住長屋的房客從水井汲水來當作洗衣等日常生活用水。每年七夕，所有房客聯合起來清掃水井的例行公事就叫「井戶替」。

因為沒有廁所，上廁所的時候得去使用名叫「雪隱」或「後架」的公廁，這類公廁幾乎位於巷弄中間，許多人公用 2～3 間公廁。公廁門只遮住下半部，在裡面如廁的樣子人人都看得見，毫無隱私可言。

* 譯註：與室外等高的泥土地空間，多半用來當作廚房。

沒有這些東西就無法生活！

江戶人的生活必需品

從米缸、研磨缽等大家耳熟能詳的東西，到「鐵漿付」之類江戶時代特有的用具，以下介紹江戶庶民日常生活使用的各式必需品。

米缸

用來保存主食（白米）的容器。雖然沒有固定規格，還是以木頭方盒狀的米缸最常見。吃飯之前，先從米缸裡拿出需要的分量，洗米後用火竈或名為「七輪」的烤爐炊煮。

研磨缽

用來磨細食材的研磨缽。使用木製研磨棒將食物磨成粒狀或泥狀。當時的味噌並未經過精製，煮味噌湯前得先將味噌裡的豆粒磨細。

岡持桶

附帶的木蓋上有兩個把手的桶子。特徵是比打水用的水桶淺，外出購物或旅行玩樂時，就拿這種岡持桶來裝食品。

味噌漉

木框篩子底下罩一層細密金屬網的器具。由於當時市售味噌多半殘留豆粒，使用前先以研磨缽研磨，之後必須再用這種濾網過濾。

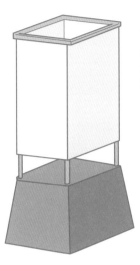

行灯

江戶時代的燈籠，燈油用的是菜籽油。行灯是室內用燈籠，在倒入菜籽油的盤子裡插入燈芯，再蓋上紙門狀的燈罩。

蠟燭台

比菜籽油燈明亮 4～5 倍的蠟燭必須以燭台固定，上面的紙罩作用是防風。蠟燭製造手續繁複，在當時屬於高級品，花了很長一段時間才普及民間。

房楊枝

江戶時代人們用這種名叫「楊枝（房楊枝）」的器具刷牙。製作方式是先用鎚子將楊樹小樹枝的前端敲裂，剔鬆木頭纖維使其呈現刷狀。

「鐵漿付」的用具

當時的已婚婦女，有使用以鐵氧化後的黑色液體將牙齒染黑的習慣，名為「鐵漿付」，又叫做「齒黑」。所有庶民人妻毫無例外，人人都有一套鐵漿付用具。

燈籠

原本是直接在燭台上加手柄拿著走的形式，後來發展為燈籠。在竹枝組成的骨架上貼紙，底下安裝插蠟燭的台座。燈籠不用的時候可以壓扁折疊收納。

狗、貓還有金魚……任何時代都需要寵物療癒！

江戶人養寵物的狀況

江戶時代，人們習慣飼養各式各樣的動物當寵物。小狗小貓就不用說了，江戶人還培育出許多觀賞用的金魚品種。此外，江戶庶民也喜歡養鳥類與昆蟲，欣賞美妙的鳥囀與蟲鳴。飼養的既是活生生的動物，江戶人和現代人都一樣為了追求更好的飼養方法傷透腦筋。為了因應這樣的需求，江戶時代甚至出版了不少教人飼養貓狗、金魚甚至家鼠的「飼養教戰手冊」。

貓

進入江戶時代後，貓隻數量增加，貓也穩坐最受歡迎寵物寶座，地位難以撼動。浮世繪師歌川國芳愛貓，留下許多與貓相關的作品。也有許多江戶庶民養貓是為了整治老鼠。

狗

代表動物。江戶市街上和現在不同，有很多放養的家犬或流浪狗四處走動。小型犬「狆」是最受歡迎的室內賞玩犬，從將軍後宮「大奧」與諸侯家中開始飼養，隨即普及民間。

金魚

江戶後期，賣金魚的小販變多之後，飼養金魚的習慣逐漸普及，例如從「和金」品種改良出的「蘭鑄」等，各式各樣的金魚品種接連誕生。其中不乏高價買賣的品種。

鳥類

日本人自古就有養鳥習慣。文鳥、日本樹鶯、日本歌鴝與綠繡眼等擁有美妙啼聲的鳥類深受民眾喜愛。飼養同一種鳥的人還會帶著自己的鳥舉行「鳴合」大會，競爭美聲。

家鼠

家鼠雖然因偷吃穀物而被視為有害動物，卻也因為擁有旺盛的繁殖力，成為子孫興旺的象徵。江戶後期出現一股飼養家鼠的潮流，還有街頭藝人或賣糖果的小販飼養老鼠，用來吸引客人。

昆蟲

江戶時代，販賣昆蟲也是一種不錯的生意。賣蟲人主要販售鈴蟲（蟋蟀的一種）、紡織娘、金琵琶與螽斯等叫聲好聽的昆蟲。庶民們飼養這類昆蟲，欣賞牠們美妙的叫聲。

参考文献

◆書籍

《大江戸復元図鑑 庶民編》笹間良彦著（遊子館）

《江戸東京歴史探検〈第 1 巻〉年中行事を体験する》東京都江戸東京博物館監修（中央公論新社）

《図解 江戸の四季と暮らし 決定版 四季折々の行事と暮らしをイラストで再現》河合敦監修（学研プラス）

《歴史 REAL 大江戸くらし図鑑》（洋泉社）

《過ぎし江戸の面影》（双葉社）

《歴史旅人 Vol.6 江戸の暮らし完ガイド》(晋遊舎)

《江戸歳時記》宮田登著（吉川弘文館）

《江戸風俗 東都歳時記を読む》川田壽著（東京堂出版）

《浮世絵の解剖図鑑》牧野健太郎著（エクスナレッジ）

《絵暦江戸の 365 日》沢田真理著（河出書房新社）

《江戸の祭礼》岸川雅範著（KADOKAWA）

《江戸・東京 下町の歳時記》荒井修著（集英社）

※除上述外，還參考了其他許多歷史資料。

四季江戶
日本庶民文化的起點，充滿活力、娛樂與節慶的精彩日常

大江戶年中行事の作法

監　　　修	小和田哲男
譯　　　者	邱香凝
封面設計	Dinner Illustration
內頁排版	藍天圖物宣字社
責任編輯	王辰元

發 行 人	蘇拾平
總 編 輯	蘇拾平
副總編輯	王辰元
資深主編	夏于翔
主　　編	李明瑾
行 銷 企 畫	廖倚萱
業 務 發 行	王綬晨、邱紹溢、劉文雅

出　　版	日出出版
	新北市231新店區北新路三段207-3號5樓
	電話：（02）8913-1005 傳真：（02）8913-1056
發　　行	大雁出版基地
	新北市231新店區北新路三段207-3號5樓
	24小時傳真服務 （02）8913-1056
	Email：andbooks@andbooks.com.tw
	劃撥帳號：19983379　戶名：大雁文化事業股份有限公司

二版一刷	2024年12月
定　　價	450元
I S B N	978-626-7568-48-4

四季江戶：日本庶民文化的起點，充滿活力、娛
樂與節慶的精彩日常 /小和田哲男監修; 邱香凝譯. --
二版. -- 新北市：日出出版：大雁文化事業股份有
限公司發行, 2024.12
　　面; 公分.--
譯自：大江戶 年中行事の作法
ISBN 978-626-7568-48-4（平裝）

1. 風俗 2. 文化史 3. 江戶時代 4. 日本

731.1　　　　　　　　　　　　　　113018057